REN WEN HUAI JI

BOOK
广东旅游出版社
GUANGDONG TRAVEL AND TOURISM PRESS

# 人文怀集

陈以良 主编

图书在版编目（CIP）数据

人文怀集 / 陈以良主编. -- 广州：广东旅游出版社，2011.12
ISBN 978-7-80766-320-1

Ⅰ.①人… Ⅱ.①陈… Ⅲ.①文化史 – 怀集县 Ⅳ.①K296.54

中国版本图书馆CIP数据核字(2011)第235881号


协调统筹：黄京康
策划编辑：江丽芝
责任编辑：张晶晶
封面设计：何　阳
美术编辑：何汝清
责任技编：刘振华
责任校对：李瑞苑

本书资料和图片由怀集县委宣传部、县文联、县党史研究室、
县志办、县博物馆、县文化馆、县档案馆、县新闻宣传中心、
县信息中心提供。
主要摄影作者：梁余生、谭扬汉、邓伟权、方剑辉、徐维宁、
黎红日、孔志毅、周忠明、文伟勤、何以根、李美玉、李世昌、
谢欣芳、梁云平、钱俊、陈毅刚、陈国表、邓畅茂、谭子荣、
蔡汉伦。

广东旅游出版社出版发行
（广州市中山一路30号之一　邮编：510600）
邮购电话：020-87347994
广东旅游出版社图书网
www.tourpress.cn
广州市岭美彩印有限公司印刷
（广州市荔湾区花地大道南海南工商贸区A幢）
720毫米×990毫米　16开　12印张　84千字
2011年12月第 1 版第 1 次印刷
印数：1-10000册
定价：38.00元

# 目录 CONTENTS

# 怀集人文景点示意图

新岗叠翠

蓝钟温泉
（三岳仙泉）

解放顶

白水河

下帅壮族瑶族乡

下帅春晖

红霞湾景区

邓诜故居

洽水

六祖岩
（禅岩佛光）

泰来

中洲

孔洞村

蓝钟文昌阁

蓝钟

冷坑

连麦

热水坑温泉

马宁

凤岗

白石山

曾村

连麦凤凰观

怀集县

甘洒

西界庙

岗坪

花石华光寺遗址

韩树铨故居

何屋村

梁村

邓拔奇故居

黄凡元烈士墓

怀集镇

龙湾古渡

古兵营遗址

大岗

浰江榕景

文阁塔影

闸岗

大同竹韵

坳仔

扶溪村威武堂

九九奇门村

桥头

永固

燕岩风景区
（燕岩洞天）

植启芬故居

世外桃源村

钱兴烈士故居

诗洞

平山岗烈士纪念碑

翻开 这卷山水

燕城等你来，快到燕都来
看看燕子世界吉祥又精彩
燕城样样美，燕都动情怀
听听燕语声声，心也飞天外

"雨燕双双唧唧飞，飞临怀岭是春回。"一个春风和煦的清晨，一位著名的老诗人，在怀城河边漫步。风和日丽，流水潺潺，清澈的江面，碧波荡漾，金光粼粼，小鸟在歌唱，群燕在穿梭……面对这卷壮丽的山水巨幅，他情不自禁，哼起了小调："燕城等你来，快到燕都来，看看燕子世界吉祥又精彩；紫燕展翅红霞红，银燕欢舞白水白，金燕追星星亮点点金，海燕穿花处处花如海……燕城样样美，燕都动情怀，听听燕语声声，心也飞天外……"

唱者无心，听者有意，有心人把歌词抄了下来，谱上曲子，这歌很快就在大街小巷传唱开了。这就是后来获广东省精神文明建设"五个一工程"优秀作品奖的著名歌曲《哪天你到燕都来》。

正如歌曲所唱的，燕城样样美，燕都动情怀，听听燕语声声，心也飞天外……来到怀岭，踏上这片美丽的土地，翻开这卷如诗如画的山水，聆听那忽如梵音从天降的花语鸟鸣，谁又能压制得了心底涌动的诗情曲韵呢？

## 怀阳之美　美在自然生态

怀集是典型的亚热带气候，夏长冬短，气候四季如春。这里土地肥沃，丛林叠翠，是著名的"木之乡"、"竹之海"、"温泉之乡"，是镶嵌在北回归线北侧的一颗碧绿的明珠。在北部，两个省级自然保护区，连绵十数平方公里的原始森林，林壑飞泉，就像一个美丽的天然聚宝盆，众多奇花异卉

和珍禽异兽，在这里构筑了一个生趣盎然的雨林世界。在南部，绿竹清风，生姿婀娜，"世界最美丽的竹子"在这里构筑了一个生态优美的"厘竹王国"。款款绥江，穿越厘林竹海，奔涌向南，鸟飞鱼翔，清风徐来，烟波缥缈，碧水、青山、秀村、丽人……一切都和谐地融在一起了，真可谓"此景只应天上有"！这里还是著名的"温泉之乡"，有热水泉、汤水泉、白竹泉和黎村泉等温泉群。有学者称，怀集温泉是"国内仅有，世界一流"的高温矿泉。潺潺绿水，汩汩流泉，云蒸霞蔚，烟缭雾绕，好一个令人流连忘返的"岭南桃花源"！

## 怀阳之美　美在天然造物

燕岩风光，"不似阳朔胜似阳朔"。典型的喀斯特峰林，隐藏着数百个大小溶洞，景致各异，像迷宫仙境，像神穴佛窟，像壶天画廊，更有万千金丝燕逐舞洞天，好一个"中国最佳溶洞奇观"！花石洞天，人称"道教洞天二十地"，13座喀斯特石峰散落平畴绿野上，各自独立而又遥相呼应，山山有奇洞，洞洞有奇观，游岩读诗赏石，浪漫而写意。花岗岩结构的上爱岭，从天堂岭发脉而来，雄峙于西部平原北侧，突突兀兀，俨然一尊肃穆的巨佛在双手合十参悟天地禅机。史料载，1300多年前，禅宗第六代传人惠能，

**怀城风光**

13

遵照"逢怀则止"的师嘱，在此隐居修禅，视世事如度门，混农商于劳侣，终于顿悟了一套属于中国的南禅法门。一叶一菩提，一花一世界。在人性人情中纠缠久了，不妨到这丛林绿野间走走，欣赏欣赏这"六祖岩"、"袈裟石"、"南瓜石"、"衣钵岗"的造化之妙，体验体验这大自然之美之险，必定令你感慨万千！

# 怀阳之美　美在人文风华

怀集，古为百越地，秦汉时置"银屯乡"，是岭南最早建立行政建制的地区之一。晋代，银屯乡升格为县级建置，初称"怀化县"，又改称"怀远县"，南北朝刘宋元嘉十三年（436年）正式定名"怀集县"，并一直沿用至今。两千年古县，两千年文化，必然蕴藏着说不完看不厌的人文精彩。怀集地处北江支流绥江上游、粤桂湘三省（区）的结合部，在古代，是雄踞秦汉古道"绥江线"的商贸重镇、军事要塞，是连接海上丝绸之路与陆上丝绸之路的重要对接点；在今天，是珠三角连接大西南和东盟经济圈的重要门户及交通枢纽。这里人文荟萃，风光奇绝，山野田园乡村城市处处生机勃勃！

## 怀集十大名片

1. 中国燕都
2. 中国竹子之乡
3. 中国攀岩之乡
4. 中国十大长寿城市
5. 中国金融生态县
6. 禅宗六祖惠能顿悟成佛圣地
7. 古代海陆丝绸之路重要对接点
8. 广东省林业生态县
9. 广东美食旅游之乡
10. 推动广东经济发展十大最具发展潜力山区县

浏览
历史轨迹

穿越千年时空，
在历史的脉搏上行走；
拣几串跳跃的音符，
聆听曼妙的人文乐章。

作为一个有2000多年行政建制史的地区，怀集的历史是悠久的，文化也一定是厚重的。更何况，怀集地处粤、桂、湘交会处，一时属广东，一时属广西，一时又隶属湖广中书行省。行政管属河东河西的变化，注定这里是一块有着丰富的历史文化、令人瞩目的特殊区域。

秦汉银屯乡，晋朝怀化县，隋朝怀集县，唐朝的威州、齐州，清朝的大洪国，革命时期的红色根据地……循着这些历史脚印，你可以从容地穿越几千年时空，浏览怀集这一"岭南民族走廊重要通道"和"古代海陆丝绸之路重要对接点"的光辉史页。

## 怀集，怀柔安集之地

"怀天地灵秀，集无限商机。"在怀集行走，到处都能见到这类宣传牌。当初，还以为仅仅是招商宣传标语，了解多了才发现，这也是对怀集两千多年历史人文一个高度浓缩的概说。

为什么叫"怀集县"呢？旧《怀集县志》记述了三种理由：一是因山得名，"以县西有怀高岭得名"；二是因水得名，"有怀溪水，晋因置怀化县和怀远县"；三是因多民族聚居而得名，"以民瑶杂居，欧长民者绥怀而聚集之地"，故名"怀集"。

对古代的统治者而言，怀集之名，"怀"者安抚也，"集"者安定也，通过置县进行安抚而达到安定，从而稳固统治，这也同时兼顾了君心和民意。再细细思索怀集得名的三种原因——取怀山怀水之"怀"，又取多民族相安集聚之"集"，合成"怀集"，这两个字正好生动地描述了这一地区山水形胜之美和历史人文之特色，也形象地概括了今日宜居宜游宜商的美丽怀集！

# 七百年广西，八百年广东

怀集境内有一道美丽的河流——绥江。以绥江干流为界，秦汉时，今怀集县域主要划分为两大部分：东部为银屯乡，辖属古四会县；西部为另外一

怀城俯瞰图

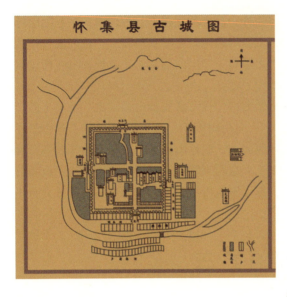

怀集县古城图

个乡，归古封阳县管理。晋朝时，银屯乡升格为县级建制，称怀化县，后又改称怀远县，南北朝时期定名为怀集县。由隋至民国这1000多年间，怀集的隶属关系几经变更，一时属广东，一时归广西，概括起来，大体上是"七百年广西，八百年广东"。

元朝之前，怀集大致辖属广东。南朝刘宋元嘉十三年（436年），分四会县的银屯乡，建制为怀集县，隶属广州绥建郡。隋时，怀集改隶广州南海郡。其间，曾在今县域内的部分地区建立过永固、游安、洊安、洊水、兴平、霍清、威成、宋昌、宣乐等县。唐代初年，曾在这里同时设立两个州级政府，加强对这一地区的管理。五代时这些古州县全部并入了怀集县。

明洪武初年，怀集隶广西平乐府，洪武九年（1376年）改隶广西梧州府。清代基本沿明建制。民国元年（1912年）怀集隶广西军政府。由此可见，由元至民国，怀集归广西管辖。

新中国诞生后，调整广东、广西区域建制。1952年，怀集县正式归属广东省，属西江行政专员公署。20世纪50年代末，广东省在怀集西部平原创建"广东省最大的亩产万斤水稻基地"，把邻近的开建县并入怀集，称怀建县。1961年，又把怀建县重新拆分为怀集、开建两县，同隶肇庆专员公署。至此，怀集才正式加入"肇庆籍"。

怀集县行政辖属所发生的变迁，真实地演绎了"十年河东十年河西"、"沧海变桑田"的历史故事。正是这些历史故事，描述了怀集地区积淀深厚的历史人文，反映了千百年来这一地区在政治、军事、商贸、农林业以及物产资源等多方面的作用和意义。

# 粤西北重镇两千年

怀集地区的人类活动史的源头，至迟可追溯到新石器时期。据考古工作者在栏马岗、顺岗、眉田山岗、永富大松根、梁村道士岩等地所发现的石锛、石斧、石凿等文物和用火遗址看，在距今约五千到一万年这一时期，怀岭一带已有古人类居住。怀集地区的行政建制也比较早，早在两千多年前的秦汉时期，已建立由秦汉王朝统一管辖的行政机构。

## 燕燕于飞，启开文明之门

如果要追溯"怀岭文化"之源，得从1亿多年前的侏罗纪时代说起。

考古研究告诉我们，今天我们所看到的怀集这一带的地形地貌，是在侏罗纪的一次大型地壳运动中形成的。之前，这里是一片汪洋大海，统治一切

燕岩洞口

的是西方神话中的美丽女神"特提斯"。因此，这海的名字也很美，叫"特提斯海"。后来，人们又称之为"古印度洋"。

在特提斯海时代，这里最可爱的"特提斯之子"是金丝燕。那时候，这一带是风景秀丽的海边，海边上有几座美丽的石灰岩孤岛，现在我们看到的燕岩就是其中的一个。迁到孤岛上来的第一批陆地"居民"是金丝燕。金丝燕有一个庞大的家族，它们一踏上这片海岸，就爱上了这燕岩，并一代接一代地坚守着这美丽的孤岛繁衍生息。在后来的一次叫"燕山运动"的地壳变化中，整个特提斯海发生了变化：北端不断向上隆起，海水不断向南退却，逐渐退缩成了今天的印度洋。

沧海变桑田。后来，这里又陆续迁来了新"居民"，首先是纳玛象。纳玛象家族也很庞大，所割据的疆土比金丝燕王国还要辽阔。与纳玛象一起生活的还有熊猫、犀牛、虎、熊、豪猪等，接着是古人类。与纳玛象相比，古人类在此定居是漫长岁月之后的事情，因为考古学家在梁村大沙石掘出的第一堆古人篝火，距今还不足一万年。如果按"千年等一回"这样的"日历"计算，古百越人的"俚"、"僚"等家族来此定居，只能算是"近代"的事情，因为目前能考据的俚、僚、壮、瑶等族的居住历史，大约不超过两三千年。

回溯千亿个昼夜，追寻"怀岭文化"之根，怀集是名副其实的"中国燕都"！因为，目前唯一被考古界认定身份的最早的"怀集籍居民"就是金丝燕，而且，这金丝燕从特提斯海时代始就认准了这个孤岛，一直坚守着，一直到今天，还将一直到永远。就是这美丽的金丝燕，啄开了这片美丽水土的文化之源。燕燕于飞，穿越千万年时空，创造了这古老而美丽的"燕文化"！

30万年前的纳玛象颊齿化石

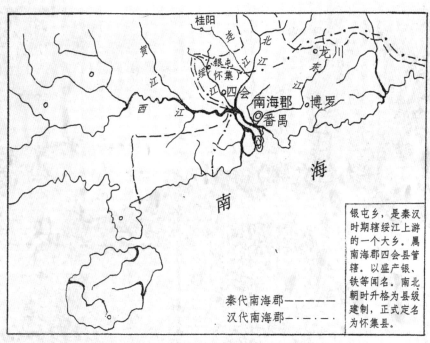

银屯乡，是秦汉时期辖绥江上游的一个大乡。属南海郡四会县管辖。以盛产银、铁等闻名。南北朝时升格为县级建制，正式定名为怀集县。

秦代南海郡————
汉代南海郡·—·—·

秦汉时期南海郡图

# 秦汉重镇银屯乡

怀集，商周时代为百越地，秦汉时始设乡级建制，称银屯乡，辖属当时的南海郡四会县，负责管辖绥江中上游大片疆域（当时绥江上游及周边地区均未置县）。

汉代初年，汉王朝在绥江源头的北端设置了桂阳县（治所在今连州），辖属当时的桂阳郡（治所在今湖南郴州）。这样一来，银屯乡就成了南海郡与桂阳郡犬牙交错的边区。那时的银屯乡已是一个繁华的战略要塞和商贸重镇。据考证，今怀集境内的杨达营、水下营、白水营等古营寨遗址，就是当年银屯乡的古要塞。

# 连接岭南岭北的重要古通道

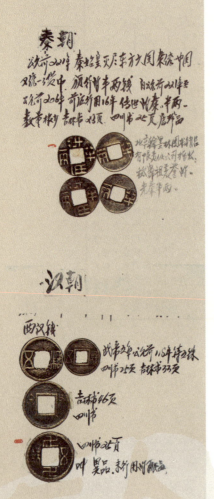

　　据历史学家考证，秦汉时期，朝廷对岭南地区的几次大型军事行动，都与银屯乡有关。第一次是秦始皇二十三年（公元前224年），秦朝名将王翦统率60万大军南征，其中一支队伍曾经从银屯乡南下广州。第二次是秦始皇三十年（公元前217年），秦王朝以屠睢为统帅，领50万大军分五路南进，其中一支也曾途经银屯乡。今怀集县下帅乡杨达岭的古战场遗址，就是当年秦军留下的古战场之一。

　　汉初朝廷几次征讨岭南，基本都是沿秦军开辟的这几条古路入粤的。其中，史书记录得最详细的是汉武帝元鼎五年（公元前112年）对岭南地区的一次大规模军事行动。那时，南越国与朝廷发生矛盾，宣布与朝廷断绝关系，独立称帝，汉武帝马上遣派伏波将军路博德率三路大军征伐南越国，其中，路博德亲自率领的中路大军就是从桂阳县出发，由陆路进入银屯乡，然后沿绥江进入广州的。公元前183年，南越王赵佗也曾经派兵从银屯乡出发讨伐桂阳县。他那次军事行动，是南越国创建以来最大规模的北伐行动，不但占领了桂阳县，还跨越南岭，攻占了当时长沙国的几个县份。

　　由此可见，从秦朝统一岭南起，怀集一直是岭南连接岭北的军事和商贸重要通道。

秦汉遗址
——杨达岭古战场

怀集风光

# 海上丝绸之路的中转站

怀集——这个内陆城镇与古代鼎鼎大名的"海上丝绸之路"联系在一起，这多少有些令人诧异。

众所周知，"丝绸之路"是古代中外商贸的重要通道，主要有"陆上丝绸之路"和"海上丝绸之路"两大部分。广州是海上丝绸之路的始发地之一，舶来的商品从广州上岸，再通过各种水陆通道运往内地，而内地的物产又分别通过各种通道运往广州。在这一来一往的商贸活动中，怀集的"一江两河二十一水"以及相关的陆路就担当着海陆贸易"中转站"的角色。因而，考古专家称："怀集是古代海上丝绸之路和陆上丝绸之路连接的重要通道。"

## "一江两河二十一水"：延伸海上丝路

在怀集境内，有"一江两河二十一水"，分别流入绥江和贺江，是珠江水系的重要组成部分。这些江河四通八达，连接粤、桂、湘三省区。绥江上游可直通广西贺江，下游可达四会、广州及西江沿岸各地；中洲河向北可到连山、鹰扬关和湖南永州；凤岗河向北可到连南、连州，向东可往阳山、清远；梁村河向西可通封开和广西梧州。

据研究海上丝绸之路的专家们考证，在广西贺州北部的萌诸岭与都庞岭的交界处，有一个海拔只有300米的缺口，翻过它就可以轻易进入湖南的潇水。通过"潇水—贺江"、"潇水—绥江"等线路，就可以把长江水系和珠江水系连接起来。因此，潇水、贺江、绥江一线是秦汉乃至隋唐时期从中原进出岭南的主要通道。走完怀集的水路，通过挑夫、马帮再走一段陆路，就可进入广西或湖南。

海上和陆上丝绸之路不是绝对分开的，海上丝绸之路实际上是水陆联运之路。正是通过水陆联运与重要城镇的对接，海上丝绸之路才实现了将内地货物运往海外、海外商品进入内陆的商贸活动。而怀集正是古代海上丝绸之路的重要中转站。

怀城三江口风光

世外桃源"良田、美池、桑竹之属"

广东山河分布图

# 天后宫和舶来钱币：
# 印证丝路繁荣

　　为什么说怀集是海上丝绸之路的货运对接点呢？通过什么来印证这一说法呢？可信的论据至少有两点：

　　其一，在怀集保存着许多清朝以前英国、日本和古波斯等十几个国家的钱币，这些钱币都来自怀集民间收藏以及当地出土的文物。根据这些古代多国钱币可知，怀集曾是中外商贸交易的集散地。

　　其二，在怀集有多处祀奉妈祖等诸海神的庙宇遗址，这些神庙的出现与海上贸易有密切的关系。首先是妈祖

**龙湾古渡**

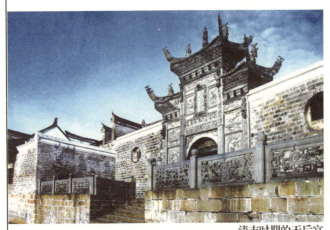
清末时期的天后宫

妈祖像

庙，它是海上丝绸之路的重要标志之一。妈祖是传说中渔民出海的"保护神"，古代的妈祖庙主要分布在我国福建、台湾和广东等省沿海地区。从元代开始，随着海上贸易的发展，妈祖这一航海保护神越来越受人们关注，妈祖庙也随着商路的延伸被舶到了海外和内陆地区。各地的妈祖庙林林总总，如妈祖阁、天后宫、天妃庙、朝天宫、太和行宫等，规模各异，形式多样。而在怀集，目前可考的妈祖庙遗址有四处，其中一处在连麦增田埠，称"天后庙"，另外三处在县城，即中心洲天后宫遗址、疍家坪天后宫遗址、解放北路朝天宫遗址。据同治本《怀集县志》"天后宫"条载："天后宫，在南溪之南，同治十三年（1874年）移建中洲。"中洲，即今怀城中心洲；而"南溪之南"，就是指今疍家坪一带。在"太和行宫"条载："太和行宫，今名朝天宫，在守御所今名小教场北（今华苑酒店附近）。不知所始。明万历十五年（1587年）百户王浏、里人袁循贤等重建。"——明时已"不知所始"了，这"太和行宫"该有多久远的历史呢？此外，妈祖等诸海神，不但被舶到了作为一邑政治、经济、文化中心的县城，还被渡到了绥江各大支流的广大乡村。如连麦的海洋寺、泰来的朝洋观、象角古埠的象角庙、甘洒的海丰庙、凤岗的水新寺、燕岩河出口处的立琴庙、马宁和冷坑的水晶观等等，它们都是怀集先人奉祀海神的古老庙宇。怀集曾出现这么多海神庙，从另一个侧面告诉我们，怀集确实与海上丝绸之路有着密切的关联。

# 威州·齐州·大洪国

　　在历史上，怀集曾经是威州府、齐州府和大洪国的所在地。由"乡"到"县"到"府"到"国"，怀集经历了两千多年的烽烟洗礼。

古威州城复原图

古齐州府复原图

## 唐初，威州府和齐州府分治怀集

唐朝初年，朝廷为了巩固刚刚建立的大唐政权，曾在今怀集境内设置威州府和齐州府两个州府，分治这一两广结合部的大片疆土。

《旧唐书》载："怀集，晋怀化县，隋为怀集。武德五年，于县置威州，领兴平、怀集、霍清、威成四县。""洊水，汉封阳县，属苍梧郡。南齐改为洊安。武德四年，于县置齐州，领洊安、宣乐、宋昌三县。"

唐初同时设置两个州府管辖怀集一带区域，显然，这不仅仅是一个重要的军事通道，还是一个繁庶之地。其景况大抵与李贺《梦天》和董湘琴《纪游诗》所描绘的情境相仿："黄尘清水三山下，更变千年如走马。遥望齐州九点烟，一泓海水杯中泻。""山明水秀，好风景在场头……攀跻到岭头，望威州绝似齐州，云烟九点。"

大洪国总部设在怀集孔庙

# 清末，陈金釭起义军创建大洪国

　　清朝末期，太平天国农民革命运动的浪潮席卷全国，广东三水县范湖村的木匠陈金釭，也组织农民起义军加入了反清的斗争，并在怀集创建大洪国作为武装斗争的根据地。

　　1854年6月26日，陈金釭在家乡范湖圩长湖布率众誓师起义，清远县的瑶民首领朱子仪亦起义响应。1857年11月，陈金釭率数万义军占领怀集全境，并宣布"大洪国"正式成立，总部就设在怀城圣庙。陈金釭自称"南兴王"兼元帅，并任命朱子仪为副元帅。陈金釭称王立国后，各地农民纷纷加入大洪国军队。1860年，太平军石达开部的红巾军首领周春，率众10万前来投奔大洪国，使大洪国的力量不断壮大。那时大洪国所控制的范围，北至广西富川，南至广东德庆。清政府闻之大为震惊。1863年5月，清王朝命令两广清兵合力围剿大洪国，年底陈金釭和周春被清兵杀害。这个仅仅支撑了7个年头的大洪国至此彻底结束。

　　陈金釭起义军在怀集创建的大洪国虽然昙花一现，但仍然在风云变幻的中国近代史上写下了壮烈的一笔。

## 粤桂湘边区的红色土地

怀集地处两广交界，是广西的南大门（当时怀集辖属广西）。怀集有绥江直通广州，不但商贸发展与广州息息相关，思想文化也深受广州影响。近代以来，怀集是广西最先传播革命思想和掀起革命运动的区域之一，在两广革命史上发挥了独特的作用，作出了特殊的贡献。

### 一批批义士走向革命征程

近代以来怀集涌现出一批又一批的革命义士。旧民主革命时期，有莫国华（中国同盟会会员）、钱

梁村永悠农会遗址

怀东武工队队部遗址

挺之（孙中山警卫团第二营少校参谋）等进步青年追随孙中山参加民主革命。20世纪初，有邓拔奇、郑作贤等进步青年率先接受马列主义熏陶，并带动梁一柱、陈嗣炎、邓卓奇、梁需润、何定、曾烜昌、陈浩然等一批怀集热血青年加入中国共产党，投身中国革命。邓拔奇是中共广西省党组织早期主要领导人之一。抗日战争和解放战争时期，有钱兴、植启芬、邓偶娟、黄凡元、韩树铨、陈金明等优秀共产党员，为民族独立和解放事业抛头颅、洒热血。

怀集白崖三甲中乡农民协会遗址

# 早期的革命星火曾在这里燃烧

　　怀集县是广西省最早开展农民运动的地区之一。1925年8月，中共广东区委为加强农村工作，派遣了部分参加省港大罢工的工人深入农村去从事农民运动。怀集县诗洞籍的榨油工人龙元、高贯堂、林生才、陈桂等响应号召，返回家乡开展农民运动，率先成立了"怀集县南区白崖三甲中乡农民协会"。

怀集县是广西最早成立中共县委组织的县份之一。1927年，时任广西地委书记的邓拔奇派梁一柱回怀集重建党组织。1928年春，中共怀集县委员会正式成立。并迅速组织成立了西洲扎运工会、怀城店员工会、学校校工工会、农民运动夜读讲习所，宣传革命思想，掀起工农运动新热潮。

在革命战争年代，先后有怀南游击队、怀东游击队等多支革命队伍以怀集作为根据地开展武装斗争。怀集，是粤桂边区的一块令人瞩目的"红色土地"，在中国革命史上写下了光辉的一页。

东区农民协会旧址

# 中共绥江地委在这里诞生

　　琴寮，是怀集县诗洞镇健营村委会的一个小山村。当年怀集的第一个红色政权和中共绥江地委先后在这里的琴寮小学成立。这么一个小山村，这么一所小学校，就像一把高举的火炬，在绥江革命史上燃烧。今天，琴寮小学虽已搬迁到平山岗，但原琴寮小学那被草丛掩映的遗址，仍不断引人追忆那段光辉的历史。

　　1947年8月15日，在广德怀挺进队与中共怀集特别支部的周密组织和领导下，成功地举行了怀南起义，成立了怀南人民抗暴大队。接着又组织建立了怀集县第一个红色政权——广德怀六龙坑乡人民政府，政府机关也驻在琴寮小学。乡政府成立后主要做了四件事：一是废除国民党保甲制，建立农会组织；二是筹粮；三是建立民兵组织；四是建立农贸市场。这市场，当地人称"红军圩"，是绥江地区第一个"红色农贸市场"。

　　1948年4月，根据中共粤桂湘边工委的指示，绥江地委也在这里正式成立，并将广德怀人民抗暴义勇总队改编为粤桂湘边区人民解放军绥贺支队，实行地武合一。中共绥江地委管辖的范围，包括广宁、四会、高要、德庆、封川、开建、怀集等县。当时的地委机关和司令部机关均设在琴寮小学内。

绥江地委所在地——琴寮村

# 搜寻 文化瑰宝

一件文物就是一部活的史书

一段耐人寻味的文化

里面定格的时空

不仅仅是昨天的

也是今天的

或许还是未来的

一件物什之所以成为文物，其弥足珍贵的原因，不在其本身，而在隐藏其中的文化历史价值。小到盈握有余的顽石、大至容纳数十人起居的古宅，人们总能考证出其确切年代，并以此推测当时的政治环境、社会背景和民居生活。透过这些文物和遗迹，我们仿佛能穿越时空，还原古老的场景，聆听先祖的声音，发掘那心有灵犀的血脉联系。

两千年的怀集，两千年的文化，那琳琅满目的文化遗产总有说不完的故事。怀城文阁、怀集中山图书馆等古老建筑，总是一座有一座的梦想；燕岩、六祖岩等天然岩洞，一洞有一洞的传奇；庸调银饼、独木舟等馆藏文物，则一物有一物的故事；贵儿戏、徒手攀岩、壮乡瑶寨闹元宵等非遗珍品，一宗有一宗的精彩……文物是一幅立体的画，一首优美的诗，一段动听的故事。

# 古老建筑：一座有一座的梦想

一个地方有一个地方的建筑风格，往往是一个地方历史、民俗、宗教等的综合反映。就民居而言，怀集民居既有广西风格，又有广东的特点。

关于两广民居风格，有一个有趣的传说：一天，有一个广西籍的大臣与皇帝下棋，那大臣心事重重，总是举棋不定。皇上问："爱卿有何心事？"对曰："臣想回老家建房子，却拿不定主意修成什么样子。"皇帝说："这还用伤脑筋吗？就按金銮殿的模样修建吧！"那大臣马上叩谢："谢主隆恩！"古时候建民房是很讲究级别的，皇帝允许其按金銮殿的式样修建，该大臣十分高兴。后来，有一位广东籍的大臣也依样画葫芦，求皇帝赐屋宅式样。可惜那位大臣棋艺精湛，迫得皇上喘不过气来，当他求赐屋宅式样时，皇帝便指着殿外的马厩说："就按那马房的样式建吧！"

传说归传说，一般无据可查，但明清时代的广东民房与广西民房确实呈现出两种不同的风格。

怀集地处两广交界，曾经是多民族的聚居地，因此怀集的民居既有广西的风格，也有广东的风格，更有壮瑶等民居的风格，这就是怀集建筑的特点。如怀集的中山图书馆，既继承了两广民居的传统风格，又吸收了西洋建筑的元素，是一座世界上独一无二的奇特建筑，因之而衍生的一批珍贵字画，也是国内绝无仅有的珍稀墨宝。

文昌夕照

怀城文阁

# 飘着"桂籍"文风的怀城文阁

    沿着大理石铺设的怀城河堤溜达，远远就能看到一座屹立在水口的古塔——这就是著名的怀城文阁。

    怀城文阁与别处的古塔不同，它不仅仅是古人用以镇塞水口的风水产物，同时又是一个教书育人的书院。明代期间，怀集有四大书院，该文阁就是其中之一，称怀城文昌书院。创建文昌书院的起因，很有些传奇色彩。据说，有一次发洪水，一段沉积河底千年的精美古木被冲上了沙滩，老人说，这乃天赐良材也，怀集将会人才辈出。于是便倡议在此建县立书院。那是明朝万历年间的事情，距今已经400多年了，但一谈到这书院，人们总要讲起这段古，因为这座书院确实为怀集培养了不少人才。据《怀集县志》记载，明清时期全县共出过进士、举人111名，贡士358名。

    今天，人们不再称其为书院，而将其称为文昌阁，因为这是一座阁院一体的古建筑，由文昌塔与书院两部分构成。塔呈六角形，高约25米，共5层，由下而上逐层题有"梯云"、"得禄"、"桂籍"、"参天"、"文阁"等字样。每层均建瓦檐，檐下绘有各式各样的图案。塔顶瓦脊呈圆锥式垂直向下延伸，六个角都装有翘手，工艺精巧，雄伟壮观。在广东，这种融两广建筑风格于一体的古书院已很罕见，许多"老怀集"都说这是最能代表怀集的建筑之一，已被列入省级文物保护单位。

# 独一无二的"中山图书馆"

在今怀集县委大院内，保留着一座设计很特别的古建筑，当地人称"山字图书馆"。该图书馆创建于20世纪20年代，全称为"怀集县立图书馆"。

图书馆由前院、中楼（主楼）和后花园三部分组成，总占地面积7000多平方米。前院设有水池、拱桥、假山等；中楼左右两侧有开阔的花园，各设有一座凉亭，左侧的叫"六角亭"，右侧的为"燕北亭"；后花园建有水池、拱桥、亭台。藏书楼平面投影呈平放的"山"字形；前院、中楼、后花园与前后水池、拱桥合而观之，平面投影则呈平放的"中"字形。整个图书馆，从布局结构上暗寓"中山"二字，是名副其实的"中山图书馆"。今"山"字形主楼仍保存完好。

主楼为钢筋混凝土结构，占地面积900多平方米，上盖琉璃瓦顶，地铺花阶砖，装饰堂皇华丽。此图书馆为怀集县首座钢筋混凝土建筑，材料基本为舶来品，据说是英国水泥、德国钢筋、日本玻璃。由当时广西省政府拨款建设（当时怀集辖属广西省）。

20世纪20年代末，为纪念辛亥革命20周年，广西省政要人物白崇禧提议：在广西省的南大门——怀集县创建一座别出心裁的特色建筑中山图书馆，向辛亥革命20周年献礼，并邀请香港著名设计师设计施工（另一说为著名设计师吕彦直设计）。1931年10月10日图书馆正式奠基，1935年10月建成投入使用。

图书馆落成后，白崇禧除了亲自题赠书法外，还特地邀请一批名人题词赠画。如燕京大学教授马寅初、广东省长黄慕松、南京市长马超俊、国民党

怀集县立图书馆

白崇禧题

寓兵於團
寓將於學
建設廣西
復興中國

怀集縣立圖書館落成紀念

将领徐永昌、国民政府军事参议院院长唐生智等，其中馆名由时任广西大学校长的马君武题写立匾。当时藏书达4万余册，藏书量仅次于广西省立桂林图书馆，为广西省内一流的图书馆。

据说，桂林图书馆也是白崇禧主持创建的，其造型刚好与怀集图书馆相反，主楼呈"中"字形，外院轮廓呈"山"字形。

## 界接两广的西界庙

在两广交界处，有一座海拔60多米的小山冈，叫"西庙岭"，岭下有一座古庙，叫"西界庙"。庙不算很大，但很有名气。据史料记载，西界庙曾经是古代官路驿站，称"太平铺"，是广东通往广西、湖南的重要通道。

传说，东晋时期，炼丹术家葛洪及其弟子曾在西庙岭一带采集金鹅蕊、云母、金沙叶等药物，提炼仙丹，为民治病。现在西庙左侧的"金鹅塘"、"金沙石场"等遗址，就是当年葛洪采药处。

**怀集西界庙**

西界庙前的太平桥

　　每逢正月十六日，西界庙举行庙会。庙会期间，这里盛况空前，商贸繁荣，两广邻近几县的村民都到这里赶集，特别是壮、瑶、苗等族同胞，南来北往，到这里销售药材和山货，再从这里把食盐、火柴、煤油等商品转运往内陆地区。长期以来，这里是粤、桂、湘边区的商品集散地和中转站。

　　在革命战争时期，这里是游击队活动的重要场所。1948年春，为将怀东的武装斗争向西发展，开辟怀（集）连（山）游击区，粤桂湘边区工委指示怀东大队派出怀西工作组发动组织怀西地区进步青年参加游击队。怀西工作组以西界庙太平桥为集结点，先后组织了多批青年加入绥贺支队。1949年新春的一个晚上，第一批42名队员自筹枪支弹药，奉命在太平桥集结，奔赴绥贺支队参军。此后，第二批、第三批也相继从这里出发，走向革命征程。

　　前文说到的太平桥值得一提。太平桥是西界庙侧的一座年代久远的石桥。这桥形制很特别，桥面用18条4～5米长的花岗岩石条架设而成，桥体两旁加建栏杆，桥头两端砌有拱门，桥梁上装盖瓦顶，宛若一座长方形的水上凉亭，十分美观。桥头南北两边都刻有写景状物的对联。北联云："紫气东来花石洞天十三景；长亭西望烟雨齐州第一桥。"南联曰："甘雨和风桥寄太平之瑞；龙潭风影地分忠谠之灵。"太平桥是广东境内不可多得的一座美丽廊桥，它与西界庙一起，相依为伴，历经千年风雨，依稀记录着当年齐州的繁华境况。

# 建在山顶上的古城——松岗营

在甘洒镇罗密村的松岗山上，有一座古老的石头城，当地村民叫它"石寨"，考古者称之"松岗营"。

松岗山，海拔340多米，属亚热带季风气候，四季分明，气候温和，雨量充沛，土地肥沃，植被丰富。沿途均为峡谷地带，山高林密，壁峭谷深，属军事要塞，自古是兵家必争之地。松岗营就坐落在松岗山最高的山顶。营寨坐东北向西南，东有蚁仔埇，南有高吊埇，西望松岗村，北连佛仔顶，山坡峻峭，四面临渊。据《怀集县志》载："松岗营，明天启五年（1625年），阳山瑶贼谢龙崖之变，中军调徐胜带狼兵防守立营于此。后浔梧参将五嘉勋驻扎于此。"

这个古兵营四周用大石块堆砌成围墙，呈椭圆形，占地面积近5000平方

文物专家在考证古兵营历史

米，围墙高4～5米，厚2～3米不等。在兵营的东北和西南分别设有石拱门与外面相通。整个兵营所用石料达数千立方米。山脚下有古采石场遗址，据考证，建筑兵营的石材大部分取材于这个古采石场。试想，把数千立方米的石料沿陡峭的山坡搬上山顶，而且不少石料一块就有上千斤重，在仅靠人力运输的古代，建设这样的兵营是一个多么浩大的工程啊！

据《怀集县志》载，在古代，怀集建有很多这样的古兵营，单在明代就有"十九营"之说。这些营寨分别设置在怀集四境的主要出口，都是兵家必争的险要关塞。据文物普查资料显示，目前怀集共发现了6处这种规模的石兵营。除松岗营外，中洲金龙岗古兵营、连麦尖峰顶古兵营、下帅杨达岭古兵营等也保存得比较完好。据说，下帅杨达岭古兵营是罕见的秦汉古战场遗址。

# 馆藏文物：一物有一物的故事

　　说到怀集馆藏的文物，有几件是不能不提的：史前的象牙化石、晋代的独木舟、唐朝的庸调银饼、明朝的御赐奖状、近代的白崖农会牌匾……件件都是稀世珍宝，件件都有一个动人的故事。

## 西安窖藏的怀集庸调银饼

　　西安博物馆珍藏着两枚国宝级的唐朝庸调银饼：怀集县庸调银饼和浒安县庸调银饼。

　　西安南郊的何家村，是唐长安城兴化坊所在地。1970年10月，某工程队在这里施工时，挖出了窖藏的两瓮一罐。当闻讯赶来的考古学家小心翼翼地打开陶瓮时，1000多件深埋地下上千年的金银器、玉器、贵重药物、中外

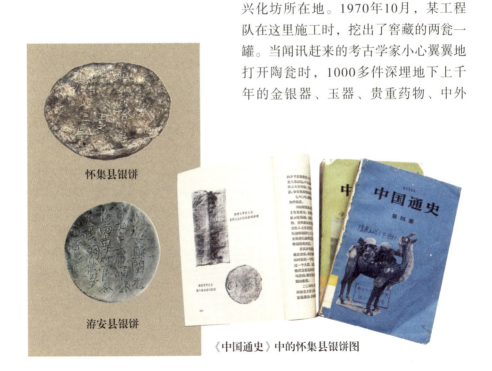

怀集县银饼

浒安县银饼

《中国通史》中的怀集县银饼图

钱币、铜器呈现在眼前。因为这些金银器每一件都价值连城，因而这一发现成为20世纪中国重大考古发现之一。"何家村遗宝"给后世的人们带来了震撼，也留下了千古谜团：这批宝物是什么时候埋的？它的主人是谁？为什么而埋？专家学者们至今仍众说纷纭。

考古者在整理这些珍贵的文物时，发现了两件准确记录年代的银饼：一是怀集县开元庸调银饼；二是洊安县（怀集境内的古县）开元十九年庸调银饼。这两枚银饼均产于怀集，怀集在秦朝时叫银屯乡，是岭南著名的产银盛地。循着这两枚银饼记录的年代进一步深入研究，作出了以下推断：

其一，这批珍宝埋藏的时间是在盛唐晚期（8世纪末），具体地点是兴化坊邠王李守礼王府的部位上，窖藏是在慌恐之中埋藏的。也有专家根据窖藏中刻铭最晚的"开元十九年"庸调银饼将埋藏的年代定在安史之乱时，明确指出这批王府财物，是邠王李守礼的儿子嗣邠王李承宁在安史之乱时埋藏的。

其二，有学者认为这批珍宝是唐代官位显赫的尚书租庸使刘震在战乱之时匆忙埋藏的，而珍宝的埋藏年代应在爆发泾源兵变的唐德宗建中四年（783年）。也就是说，"何家村遗宝"是收缴上来的庸调及保管的宫廷珍宝。

其三，有专家认为，"何家村遗宝"是唐官府中尚署管理的皇家财物，窖藏是一次从容的搬迁。因为出土文物中很多器物中都有"墨书"，"墨书"涉及器物和器物中盛装贵重药材的重量等内容，而能详细记载这些内容，说明这些器物是严格按照程序从库房中提取的，并不是在战乱突发后仓促掩埋到地下的。

不管是哪一种推断，都有一个共同点——都是以怀集这两枚银饼为线索作出的假想，因为在这1000多件宝物中，只有这两枚银饼是标明具体时间的，因而怀集银饼成了"何家村遗宝"的宝中之宝。这两枚银饼出土后，得到历史学家的高度关注，因为这是目前所发现的记录唐代庸调制的唯一的银饼实物，银饼图片也立即被收入当时正在付印的范文澜所著的《中国通史》。

# 1700多年不腐的晋代独木舟

　　在怀集博物馆显眼处，摆放着一件庞大的文物——晋代独木舟。

　　顾名思义，这"独木舟"是用一段长7米、胸径60厘米以上的老松木凿削而成的。舟长695厘米，宽52厘米，高41厘米；舱槽长625厘米，宽40厘米，深35厘米。头尖尾宽，两头略翘。

　　据考证，龙湾独木舟是晋代先民使用的商船，这说明绥江古代就有水路运输。

　　据博物馆的工作人员介绍，这是目前广东省保存最完好的舟楫类出土文物。1983年8月，当地村民在怀城上郭村龙头湾河段采沙时，无意中发现了这条沉藏河底

怀集博物馆馆藏的晋代独木舟

1700多年的巨物。独木舟出土后曾吸引不少省内外专家前来考研，经鉴定此为晋代先民用过的水上交通工具。独木舟的出土，为研究岭南地区古代水上交通、工艺制作、林木生长等情况提供了宝贵的实物材料。

# 刻在石崖上的唐代花石游记

　　怀集县梁村镇花石村村民梁少康没有想到，他到村庄附近的四门岩割草时，竟然"割"出一个意外惊喜。这个意外惊喜就是唐代长庆四年（824年）的摩崖石刻，距今已有1180多年。这块唐代摩崖石刻离地只有1米多高，由于时代太久远，石刻上的文字大部分已经难以分辨，但石刻开头部分的文字仍清晰可辨："唐长庆四年仲春月七日，奉使巡界至此，节度西

刻在花石四门岩岩洞里的唐代石刻

南道游弈使，县令卢徽、县尉……"据考古人员介绍，该石刻记载的是一篇官员游记，内容大意为："唐代长庆四年（824年）农历二月初七，西南军政长官巡查来到怀集，在当地县令卢徽、县尉的陪同下，游览了花石十三峰，并在四门岩留下摩崖石刻以作纪念。"

　　四门岩是古怀阳十六景之一"花石洞天"的主要景点，岩内留传着众多石刻。一是刻于四门岩南壁的楷书石刻"丹山赤水"，高0.6米，宽2米，刻于明代万历年间。"山"、"水"两字笔画中还各有一句明代诗联刻，分别是"溪吸岩前月"，"峰连天上云"。二是刻在四门岩东南壁上的6幅，分布集中，面积较小，大部分字迹可辨。三是新近发现的这一四门岩东南壁"唐代长庆四年"石刻，为肇庆市罕见的唐代石刻，在全国第三次文物普查中名列广东"百大新发现"名单的第二位。

# 500多年前的奖状谭氏御赐锦幛

　　明成化年间（1465～1487年），怀集青年秀才谭盛发受恩贡，升入南京国子监（太学）就读，由于功名无成，又缺盘缠回故里，便帮人卖糖果挣钱以归。一天，因购买的人多，一时包糖的纸不够用，谭盛发心一急，顺手把大街墙上贴着的一张告示撕下作包纸，不料被官兵看在眼里。不久，谭盛发被人带入朝廷面见皇帝。

怀集博物馆接受谭族捐赠的明代锦幛

锦幛上的敕令印鉴

　　原来，那张告示是一张"招将退敌"的皇榜。明朝成化十九年（1483年）六月，鞑靼小王子率兵3万入侵山西大同，连营50里，杀掠人畜数万，朝廷官兵屡战屡败，于是张榜招勇。

　　皇帝向谭盛发询问退敌之策，毫无准备的谭盛发方知闯了大祸，便不假思索顺口用怀集方言应答："战豆战啰！"意思是说"打就打啦"。谁知言者无意，听者有心，皇帝身边一大臣匆忙向皇帝献媚：我主洪福齐天，刚才谭盛发所言之计妙极。据臣理解，即是我军用炒熟的黄豆撒在敌军的马前，敌军马闻其香味，必争食黄豆……谭盛发暗想自己乃一介书生，文质彬彬，哪能带兵出战，于是又自言自语地说："入笠了，入笠了

明代御赐锦幛

（怀集方言，意为上当了）。"当时正好有一位广东籍的大臣，听后接着发挥道：谭盛发说可以用笠蒙住我军的马头，我军马定会闻豆香不为所动，趁着敌军马争吃黄豆之际杀将过去，必胜无疑。皇上和文武大臣听罢连连称妙，遂采用此计，结果大败鞑靼军。谭盛发由于献计有功，被宪宗皇帝授封为"南京金吾右卫经历司知事"职务。

谭盛发误揭皇榜，歪打正着立了战功，封官加爵。但他无心仕途，几年后便辞职返乡。成化二十三年（1487年）五月二十一日，宪宗皇帝亲敕嘉奖状（锦幛）一幅，对谭盛发以示褒奖。这幅锦幛被谭盛发的后人一代一代保存下来，直至今天仍完好。

## 肇庆报刊的开山之作——《怀集日报》

早在20世纪20年代，怀集已开始创办、发行报刊。其中《怀集日报》、《怀集青年》分别是肇庆市最早创办和发行的报纸和杂志。《怀集青年》还开创了异地办刊的先河。

《怀集日报》于民国十年（1921年）创刊，由当时怀集进步青年创办。

登记证为内政部新闻纸登记证警字第1705号。初期为日报，后改为两日刊，最后改为三日刊。初期为八开两版，后改为四开四版。一、二、三版均为新闻，第四版为副刊，有文艺、青年、女声、民众、民政等专栏，轮流刊出。社址设在当时怀集县城文化路7号。

1924年春，在广州等地读书的怀集籍青年，受革命思想影响，组成"怀集留穗同学会"，创办《怀集青年》刊物，并带回怀集发行，宣传国内外形势，鼓励家乡青年投身革命。其中邓拔奇的《告怀集青年书》等文章，就是《怀集青年》的著名篇章。此外，还有《浐江》、《民声》等中国共产党地下党的小报，也是怀集早期的红色小报。至今仍在民间流传的童谣绕口令："你点一，我点二；你点三，我点四；点点点，点隆咚；咚咚咚，东方红；红红红，红太阳；阳阳阳，剪羊毛；毛毛毛，毛泽东；东东东，东方红；红红红，红太阳……"就出自当年的《浐江》小报。

# 北京馆藏的白崖农会牌匾

在北京历史博物馆珍藏着一件早期农民运动文物——怀集白崖三甲中乡农民协会牌匾。

1925年8月，中共广东区委为加强农村工作，派遣部分参加省港大罢工的工人深入农村去从事农民运动。怀集县诗洞籍的榨油工人龙元、高贯堂、林生才、陈桂等响应号召返回家乡开展农民运动。他们回乡后，张贴布告，宣传农会的章程，向村民介绍外地农民运动的情况。经过一段时间的发动，怀集县南区白崖三甲中乡农民协会正式挂牌成立了。农民协会设立执行委员会，由龙元、高贯堂两人担任执行委员，植之梅担任财粮委员会委员。农会还制有犁头三角旗、公斗、公章等，并制定了会规，规定入会后农民缴交白银二毫为会费，发给会员证，享受会员待遇。农会成立后，积极领导农民开展"二五减租"、统一用农会的公斗收租等活动。在白崖三甲中乡农民协会的影响下，怀集的农民运动得到迅猛发展。

　　怀集白崖三甲中乡农民协会，是怀集县第一个农民协会，也是广西（当时怀集属广西）最早成立的农会之一。当年农会使用的会旗、公斗、公章、牌匾等物品，均已成为珍贵文物被各级博物馆珍藏。

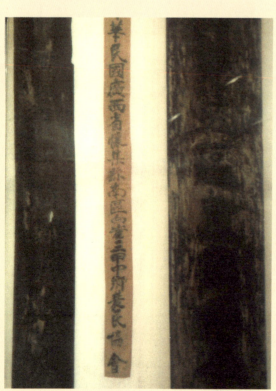

白崖农会牌匾

农会旗

农会斗

农会用物

# 非遗珍存：一宗有一宗的精彩

非遗珍存，是地域文化的重要组成部分。在生活节奏高度紧张的今天，如果能抽点时间去品味品味这些珍品，感受感受古人的生活方式和娱乐情趣，也是一种高雅的文化享受……

## 独具风味的地方小戏：贵儿戏

怀集桥头镇一带的乡村，逢年过节人们都喜欢看贵儿戏。

贵儿戏是根据当地民间的舞马曲和采茶歌演变而成，是在当地民间歌舞和说唱曲目的基础上形成的地方小剧种。唱戏用的是当地的地方方言，其他地方的来客都听不懂，只有桥头人听得津津有味。据介绍，贵儿戏在当地已演了上百年，尽管今天文化娱乐活动丰富多彩，但人们还是喜欢看贵儿戏。

"贵儿"是什么意思？据《贵儿戏志》介绍有两种说法：一说表演者新年之际光临，属贵客临门，所演之戏为贵儿戏；二说"贵儿"即"龟儿"，因舞龟而起。

桥头镇拱桥村贵儿戏班在表演剧目《乞丐与状元》

贵儿戏文武生、丑角和女配角扮相

贵儿戏是广东省13个地方小剧种之一，2007年被列入《广东省非物质文化遗产保护名录》。贵儿戏的显著特点是演出时不拘场所，不用另搭舞台，只需在空地上横挂一幅布幕，摆上一张桌子或几条板凳，"帝王将相"、"才子佳人"便可登场表演。与传统大剧如京剧、粤剧不同，贵儿戏只有生、旦和丑三个行当。在全国的所有戏曲剧种中，只有贵儿戏没有弦乐伴奏，只使用唢呐、锣鼓等打击乐伴奏。正因为贵儿戏的表演和伴奏等区别于其他剧种，具有浓厚的地方特色，才被列为全国的珍稀剧种。

# 惊险的"壁上芭蕾"：徒手攀岩

在燕岩风景区活跃着这么一群身怀绝技的攀岩高手：不需任何保护措施，他们能随意地在崖壁上爬上爬下，身手敏捷，如履平地……这些攀岩高手都是附近村庄的捕燕世家的传人。

游客在观赏徒手攀岩

李清元在攀岩表演

攀岩勇士倒挂金钩

攀岩表演

　　早在唐宋年间，这里已有村人以捕燕采窝为业，长期的捕燕采窝劳动，练就了一身飞崖走壁的本领，并且一代代传承了下来，培养了一代又一代徒手攀岩的"蜘蛛人"。今天，燕岩被列为金丝燕保护区，捕燕和采窝活动早已被禁止。但是，"捕燕人"为把攀岩的技艺一代代传下去，便在燕岩风景区开设了"徒手攀岩"表演项目，供游人欣赏。

　　每年的农历六月六是怀集燕岩一带的传统节日——"燕子节"。那天，燕岩附近七乡八寨，万人空巷，云集燕岩赏燕、看攀岩表演。

# 独特的民间舞蹈：龙凤狮牛

　　历史上，怀集是古百越人和瑶、僮、侗、俚、僚等多个民族相安共处的聚居地，因而，怀集流传着丰富多彩的古老民间舞蹈，龙鱼舞、凤舞、壮狮舞、春牛舞是其中的代表。

　　**龙鱼舞**：在怀集县凤岗镇一带，流传着一种叫"龙鱼舞"的民间舞蹈。这种舞蹈形成于清道光年间，是一种吸纳广东沿海地区的舞龙风俗并结合怀集传统民间艺术而形成的融海洋文化和内陆文化于一体的民俗舞蹈。舞蹈的

龙鱼舞

凤舞

壮狮舞

春牛舞

道具以竹织的"龙"和"鱼"为主，再加上一些模拟海底动物的配角，组合成一支广场舞蹈队伍。表演的内容大抵以模仿海底动物的戏耍情景为主，加入一些表现人间喜庆的内容，以娱乐观众和表达美好生活的祝愿。

　　龙鱼舞曾多次被当地文化部门改编成现代舞蹈节目，每次搬上舞台都得到观众的好评。肇庆市歌舞团由龙鱼舞蹈改编的民间舞蹈《龙舞》获全国第十届"群星奖"优秀奖，《鱼龙弄潮》获1998年广东省群众音乐舞蹈花会演出综合金奖。

　　**凤舞：**凤舞是一种表现喜庆、吉祥的广场道具舞，在怀集县已流传了200多年，深受人民群众的喜爱。凤舞的表演程式及道具制作极具地方特色，表演内容丰富多彩，主要以打击乐、锣鼓、钹和唢呐等为伴奏乐。演出时一人举队旗，两人举彩旗出场站好队形，两人舞凤。舞者穿着黄色的艳装，在古朴的鼓乐和唢呐伴奏下翩翩起舞，一会儿"追逐"，一会儿"飞翔"，一会儿"觅食"，一会儿"戏水"，一会儿"洁身"……形态栩栩如生，寓意人们对生活的美好祝愿和表达对太平盛世的无限憧憬。

　　**壮狮舞：**在怀集下帅壮族瑶族乡，有一种叫"壮狮舞"的广场舞蹈。壮狮舞又称"舞木猫"，已有近400年的流传历史。

　　壮狮舞的道具由木板作内架，再覆以艺术化造型的彩绘"狮面"制作而成。表演时一般由一人演壮狮，两人演猴子，一人演大面，由锣、鼓、铙打出的节奏点指挥助舞，全场表演时间约30分钟。表演时，舞者高举狮头来回翻滚跳跃，旁边还有"大面"助兴和"猴子"追逐嬉戏，场面异常热闹。每逢元宵节、牛旺节等传统节日，"壮狮"便会串村过寨，沿着街道在各家各户和店铺前不停舞动表演，在"攻狮子"的鞭炮声中上下腾挪，为村民送上节日的祝福。1995年，下帅壮狮表演队被邀参加广东省首届少数民族传统体育运动会开幕式表演，深受观众好评。

　　**春牛舞：**每年春节至元宵期间，怀集下帅壮族瑶族乡的村民总要表演一种民俗舞蹈——春牛舞。春牛舞是壮族和瑶族人民在长期的生产劳动中形成的娱乐节目。

　　新春到来，男女老少欢聚一堂载歌载舞，喜庆丰收，祝愿新的一年风调雨顺、五谷丰登……久而久之，这个场面被固定下来，逐渐形成一种由专门队伍程式化表演的舞蹈节目。今天我们看到的春牛舞是以锣、鼓、铙等打击乐为伴奏乐器，由表演队走村过寨为群众表演的广场舞。

# 壮乡瑶寨闹元宵：正月十五赛壮狮

　　怀集县下帅壮族瑶族乡是肇庆市唯一的少数民族乡，位于怀集县西北部，毗邻连山壮族瑶族自治县和广西贺州市，聚居着壮、瑶、汉三族

下帅炮攻壮狮

壮乡瑶寨闹元宵

叠垒成山的炮竹

人民，这里风景秀丽，山高林密，一些具有民族特色的东西在这里被完好无损地传承下来。

　　每年农历正月十五，是怀集下帅壮族瑶族乡传统的盛大节日。据史料记载，这个壮、瑶、汉三族聚居的地区，早年建有关帝庙、张公祠、朝阳寺，三申州奉天神会也在下帅乡应运而生，这些庙、寺、祠每隔三年举行一次神庙会，时间始于正月十四日，于正月十六日结束，因此正月十五便成为下帅最热闹的节日。那天，下帅的壮、瑶、汉三族人民穿红着绿、敲锣打鼓、载歌载舞，把赛壮狮、扮古人、春牛舞、马舞、对唱采茶歌、对年歌等所有传统节目都搬出来表演，喜庆祥和闹元宵。

# 古百越人的语言活化石：标话

　　怀集有一种非常特别的方言，称"标话"。主要流传于以谂山为中心的大岗、永固、诗洞、桥头等镇。

　　标话，旧音"豹话"，"豹"是语言混杂的意思。使用标话的人群，专家称"标话集团"，今覆盖人口约20多万人。据考证，怀集地区最早的居民属古百越族的一支，标话就是古百越族方言的一种。随着标话方言的延续，一些古老的民俗符号如燕图腾、青蛙图腾、盘古图腾等也被沿袭了下来。

　　标话地区还流传着一种古老的服饰，称"标服"，是标话集团的标志性服饰。标服由上衣、裤子、头绳三部分组成，其特点可概括为：上蓝下黑一点红，即蓝上衣、黑裤子、红头绳。上衣以蓝布制作，为右开扣式紧领右襟装；裤子以黑布制作，双裤筒，裤腰宽而长，穿在身上时，把裤腰左右拉折紧束后，再向下翻卷作腰带；头绳以一束红绒制成，把头顶部分头发扎成一束垂向右侧耳际间。已婚与未婚女子在服饰上的区别主要体现在头发的梳束上：已婚妇女，额顶部分头发全部向上翻卷，缚成一束垂向右侧；未婚女子则在额顶留部分发稍前垂，并修剪整齐，以刚盖眉为标准。标服原料以土制粗布为主，随着时代的发展，近代以来主要以棉布为原料。据当地村人介绍，古时候贵族妇女的标服，大都在胸襟和衣脚配有精致绣花，以别于普通人家。

　　20世纪80年代初，中国社会科学院民族研究所、广东民族学院和暨南大学的语言和民俗专家对标话集团作综合考察时指出，怀集流传的标话和标服，是少数民族语言和服饰研究中未被发现的一个珍贵的宝藏。

标服

领略 名山风貌

金丝燕选择了燕岩
茶秆竹选择了厘江
惠能选择了丈爱岭
那是别无选择的选择
因为
这就是「缘」
唯有这方水土
才有这个缘分

　　怀集，地处五岭余脉，绥江之源头，千峰竞秀，万岭叠翠，60多座千米秀峰高岭，环列四境，把这3000多平方公里的土地，环绕成一个聚宝盆。雨不涝，风不灾，冬暖夏凉，俨然一个风调雨顺、物阜民丰的桃源仙境。

　　怀岭多名山。燕岩，是中国最佳的溶洞奇观；大稠顶，是肇庆第一高峰；上爱岭，是六祖惠能隐居的圣地；花石十三峰，早在唐朝已是著名的旅游胜地……

　　名山蔚人文。千百年来，这里孕育了丰富多彩的山脉文化。这些独特的山脉文化，成了怀集人文最不可缺少的组成部分。

燕岩风光

# 燕岩，中国最佳的溶洞奇观

　　在粤西北怀集，有一块非常美丽的岩溶地貌，诗人说："奇局天然有意开"，"不似阳朔胜似阳朔"。地质学家说："这是广东省喀斯特地貌发育最成熟的地区。"旅游学家说："这是自驾车游最佳目的地。"

　　她，就是著名的省级风景名胜区——燕岩。

# 说说燕岩洞天之美

驾车在峰林间溜达，就像走进了一个美妙的童话世界。360座孤峰，造型各不相同，座座鬼斧神工；170多个溶洞，一洞有一洞之景，一穴有一穴之奇。尤其是那恢宏壮丽的燕岩，以其独有的美、奇、秀，荣膺"广东最美的地方"、"中国最佳的溶洞奇观"美誉。

燕岩之美，美在天合。燕岩的创造者就是这燕岩河。燕岩河以潺潺流水，花了亿万年的时间才创作了这么一件精美的杰作。燕岩是一种穿洞，全长660米，高66米，宽95米，分为上下两层。上层为脚洞，形成于更新世，下层为地下河，形成于更新世到全新世，距今从数十万年到一万年不等。上层脚洞最大的特点是洞中有洞、奇景迭出，民间所说的"燕岩十二洞房"就在这里。据说这十二个被千姿百态的钟乳石点缀得玲珑剔透的洞穴，全是神仙府第，如"一号铁拐李房"、"二号汉钟离房"等等。有民歌为证："十二洞房门不锁，仙人府第灵气多。"下层的地下河，即燕岩河的中段。"宁洞算来九条水，条条经过燕岩流。"燕岩河由附近九大河溪汇合而成，水量丰富，河面宽阔，常年水深保持在4～5米，这

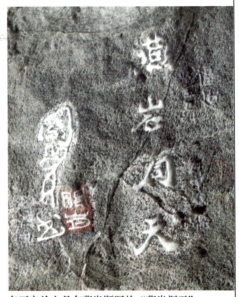
名画家关山月在燕岩题写的"燕岩洞天"

钟乳石

燕蛋

金丝燕

为燕岩营造了一个有异于其他洞穴的清凉世界。当年，南宋著名道人葛长庚在此流连忘返，临别诗题《燕岩游罢与岩主话别》表露心迹："惜乎分手便南北，忽尔回头欲去留。且去人间办丹料，却来山顶结茆休。"当年，岭南画派大师关山月曾多次来此写生，有感燕岩之美，欣然命笔，题曰"燕岩洞天"。

燕岩之奇，奇在造物。燕岩的真正主人是一个庞大的金丝燕家族。春暖花开的时节，数十万只美丽的金丝燕蜂拥而至，云集洞内吐沫筑巢，繁衍生息；秋分过后，天气转凉了，它们又举家南迁到海边越冬。年复一年，燕往燕返，金丝燕为燕岩创造了一笔数量可观的经济财富——金丝燕窝，也创造

了一笔极为可贵的文化财富——金燕文化。据鸟类专家研究，金丝燕，属热带海洋留鸟，主要分布在印度洋和南海一带，辽阔的海面是它们遨翔的天地，海岛的礁石岩穴就是它们的家。因此，在内陆地区很少见到它们的踪迹，唯独这燕岩是一个孤例。专家指出，生息在燕岩的金丝燕，是金丝燕家族中唯一一个候鸟族群，燕岩也就是内陆唯一的金丝燕王国和燕窝产地。

燕岩之秀，秀在人文。古往今来，"六月六燕子节"是燕岩最亮丽的一道风景。燕子节，又称"耍岩节"，起源于当地人的采窝劳动，延续到今天已发展成当地最隆重的综合性民俗节日。人们选择农历六月初六"耍岩"，一来观燕，二来欣赏采窝世家的绝技表演。六月初六前后，有燕初长成，老燕则携新燕试羽练功，鸟鸣唧唧，漫天飞舞，燕岩洞天热闹非凡。另外，当地的采窝世家也会选择这个时候徒手攀岩采摘燕窝，惊险刺激的采窝劳动成了人们欣赏攀岩绝技表演的娱乐节目。耍岩节，经过数百年的延续发展，也融入了当地许多民俗风情，如对山歌、扮古人、演贵儿戏、舞龟鹿鹤等等，各式各样的民间艺术都集萃一洞同台竞技，今天的耍岩节已经发展为一个集民俗活动和文化旅游于一体的综合性的燕子节了。

"古岩幽阒本无名，玄鸟栖香始有声。郁秀蔚为风景地，呢喃款语最牵情。"著名书法家秦咢生的《燕岩诗六首》可谓一语道破了燕岩美妙之所在。燕岩秀压群芳，闻名天下，因这数十万只美丽的金丝燕而拥有源远流长、内涵丰富的金丝燕文化。

**如诗如画的怀集县燕岩省级风景名胜区**

# 揭开金丝燕之谜

　　金丝燕，这美丽的小精灵，为什么要跨越千山万水，选择粤西北内陆深处的燕岩定居呢？这是大自然留给人们思考的一个有趣的谜题。专家考证，这谜底至少包括三大因素：

　　其一，这是金丝燕"旧鸟恋故园"动物天性之使然。古地理学和古气候学研究告诉我们，当初，怀集地区曾是古印度洋的一部分，至新生代第四纪，这里还保持着典型的热带海洋气候。那时的燕岩为海上的一个孤岛，金丝燕就是这孤岛上最早的居民。后来随着地壳隆起，海水向外倾泻，印度洋不断缩小，这一带演变为陆地，燕岩也就成了陆上的喀斯特孤峰。在地质地

**燕岩是我国内陆唯一的金丝燕聚居地和燕窝产地，素有中国燕都之称**

理"沧海桑田"的变化过程中，气候也不断演变，由原来的热带海洋气候逐渐过渡为今天的亚热带气候。由于这一嬗变是逐渐而漫长的，因而金丝燕浑然不觉，再加上受原始基因遗传、历史记忆等因素影响，这可爱的小精灵也就万年不变地留守在这美丽的家园了。正如今天大量栖居于热带海岛上的金丝燕一样，这是动物界"物竞天择，适者生存"规律的又一典型例证。

其二，这是燕岩地区独特的地理气候之使然。燕岩地区的气候具有明显的海洋气候特性，这一特性来源于"燕岩洞天—桥头盆地—怀集盆地"三级"燕窝效应"。燕岩，就像一个结构复杂、容积庞大的巨型燕窝，洞内宽敞明亮、水量丰富，这是其他溶洞无法比拟的。这种独特的结构，不但为金丝燕的生存构筑了一个典型的海洋性气候小环境，同时也为金丝燕提供了充足的结窝材料、便于饮用的钙质水，以及便于滑翔飞行的高险幽静空间等基本物质条件。这是三级"燕窝效应"的第一级效应圈，也是金丝燕聚居燕岩的首要条件。第二和第三层效应圈是与燕岩呈同心圆梯状分布的桥头盆地和怀集盆地。桥头盆地是一个四周高中间低的岩溶盆地，其间，几米至几十米的喀斯特孤峰错纵排列，星罗棋布；怀集盆地四面为海拔上千的峰岭，山地—丘陵—小平原呈漩涡状向中间收拢。这两层大效应圈，为金丝燕的生存提供了一个模拟浩瀚海面的生活大环境。

其三，这是燕岩独特的人文环境之使然。怀集民间很崇尚燕子（包括家燕、金丝燕），视燕子为"祖先神"、"雷神之子"。因此，燕子在怀阳大地得到了其他鸟类无可比拟的厚待。怀集人敬燕爱燕的传统，渊源于上古燕图腾文化。这种燕图腾文化经过千百年的传承和发展，逐渐形成了一种牵涉面广、内容丰富、形式多样的区域文化，即今天所说的"金燕文化"。金燕文化所营构的"人与燕子和谐共存"的文化氛围，为金丝燕缔结了千古不易的"旧鸟恋故园"人文情结。因此，尽管后来的地理气候已迥异于当初的环境，金丝燕还是不远万里，通过冬迁春回的方式与变化着的自然环境作斗争，引领一代代的世家后续"把根留住"。

燕窝

# 欣赏采窝世家的飞崖绝技

　　徒手攀岩是燕岩一带流传的民俗绝技，也是每年燕子节的压轴节目。看，表演者不需任何保护工具，赤手空拳，在几十米高的岩壁上攀岩过洞，跳上蹿下，如履平地……据介绍，这些攀岩高手都是燕岩采窝世家的传人，是长期的采窝生涯练就了他们飞檐走壁的硬功夫。

　　离燕岩西洞口不远，有一个叫橡村的小山村，采窝世家就住在这里。刚三十出头的李连炎，是采窝世家最年轻的传人，农闲时，他经常到燕岩为游客作攀岩表演。他说，现在他只不过是选几道比较安全的线路作个表演而已，如果要真的攀岩掏燕窝，就没有现在这么轻松了，因为燕子大都选择洞顶高险的地方结窝，要采到燕窝，需下一番苦功夫。

**游客观赏徒手攀岩表演**

他指着悬崖上挂着的竹竿告诉我们，采窝时遇到比较危险的地方，就要靠那些竹竿作为辅助工具。洞顶最高处那横挂着的几根竹竿，人称"天桥"，沿着天桥，可以从左壁飞到右壁的岩穴去采燕窝。这天桥是他们的先人搭设的，究竟在上面挂了多长时间，他也说不清楚，反正已经有好几代人没上过那天桥了……

　　仰望绝壁六七十米高处的"洞天谜桥"，观者无不张口结舌，无不惊叹这采窝人的胆识和能耐！采窝人所使用的究竟是何等法门，或许这永远是一个谜！

大稠顶

## 大稠顶，肇庆第一峰

　　这里，林海苍莽，翠绿浩瀚；这里，重峦叠嶂，沟壑
纵横；这里，瀑布飞泻，溪水淙淙；这里，繁花似锦，艳
丽诱人；这里，沟沟有潭，清澈见底；这里，山山有茶，
清香四溢。这，便是以"林秀、石奇、泉甘、花艳、茶
香"而闻名遐迩的省级自然保护区——大稠顶。

## 爬上大稠顶看日出

　　大稠顶自然保护区坐落于怀集北部肇庆市国有林业
总场新岗林场境内，北与清远市阳山县接壤，距县城69公里。其总面积约56420亩，森林覆盖率95%，属中、低山山地。区内群峰林立，主峰就是大稠顶，当地人又称"石川山"，海拔约1626米，面积10多平方公里，是肇庆市最高峰。近年来，这养在深山人未识的大稠顶，正以其神秘、独特的魅力，吸引着越来越多的游客和登山爱好者。

登大稠顶，可先以车代步攀行到830米处，再徒步登上顶峰。来到了黄乍桥，沿着林场的环场公路登上浪伞坳，首先映入眼帘的是一棵迎客松。在迎客松下休息片刻，再继续攀登，沿途不但景色秀丽，而且惊险刺激。很多地方山险路陡，需扯藤钩树，手足并用方可前行。一路上，攀登者常会被莽莽林海和蒙蒙荒烟湮没，辨识不了东南西北，有险峰绝路之感，但仔细一看，又峰回路转，风光无限。若多几个旅伴同游，在嶙峋的山道中，在悬崖峭壁之间，肩并肩、手牵手，最能体现团队合作精神。若是情侣间携手登临，更显相互间的体贴关怀，海誓山盟也难以与之相提并论。你说，登大稠顶，能不让你人生旅途中留下一段甜美的回忆？

登大稠顶观日出，是大多数攀登者的心愿。要赶在日出之前到达顶峰，最好是先在新岗林场招待所留宿，第二天凌晨出发。经过3个小时的攀登，便可欣赏到旭日东升、万丈光芒的壮丽景象。站在顶峰的巨石之上，面对林海、清风、丽日，"一览众山小"的感觉油然而生。眺望莽莽林海，细听草木萧萧，任清风吹透心脾，任思绪自由驰骋，那是多么美妙的享受！

## 在林荫绿径上看"新岗美人"

大稠顶自然保护区的茶园风光，最能予人以恬淡平和的心境。这里一年四季都飘着茶香，远近闻名的新岗美人茶就产于这里。

登山途中，触目所及是连绵茶山，可谓山山有茶。大大小小的山腰上遍布一垄垄的茶田，似碧波荡漾的绿色海洋，起伏有致。冻顶、美人、黄金桂、白牡丹，这些名茶品种，便是新岗人巧夺天工的杰作。新岗的茶颇具特色，具有天然花香，汤色清澈金黄，茶味醇厚甜美。尤其是大稠顶茶园，在海拔1300米处，所产的茶，茶质、茶色、茶香、茶味都是一流的。由于大稠顶自然保护区有得天独厚的地理气候环境，终年云雾缭绕，引种的台湾冻

大稠顶山脚下的怀集新岗茶园

**新岗云海**

顶、白牡丹等系列名茶，经台湾、福建等地专家评审，品质已超出原产地。目前，新岗冻顶、新岗白牡丹、新岗美人已畅销省内外，享誉港、澳、台市场。2005年，新岗高山冻顶茶获"省名牌产品"荣誉称号。得此殊荣，更推动了当地人种茶、制茶的积极性。白云山茶园、天井坑茶园、大稠顶茶园、塘坳茶园、横坑茶园五大茶园面积上千亩，年产茶叶7万～8万斤。每年春夏两季，绿茶吐芽，满山嫩绿，这些郁郁葱葱的片片茶树，不但自成美景，更为游客提供了一个体验采茶、制茶乐趣的园地。在休闲的日子里，轻松从容，与亲朋好友在茶园里赏茶、品茶，人生最惬意之事也不过如此。新岗人热情好客，每到一处都有好茶款待。水为茶之母，上等好茶，配以上好的清泉冲泡，再在好山好水好风光好人情的地方细品，真乃人生最美妙的享受。

# 解读这方美丽水土

　　大稠顶自然保护区不仅是旅游胜地，还是一个资源丰富的聚宝盆。

　　由于大稠顶最高海拔约1626米，区内最低海拔625米。海拔高低悬殊，相对高差达1000米，这就给要求不同生存环境的动植物的生存繁衍提供了有利条件。

　　大稠顶自然保护区主要保护对象为亚热带常绿阔叶林、珍稀动物和水源涵养林。据调查，大稠顶的森林覆盖率达95%，活立木蓄积量21.1万立方米。其中保护区内黄乍桥一带的天然亚热带常绿阔叶林作为水源涵养林受到严格保护，其面积为1808.8公顷，占保护区面积的75.8%。

　　早在20世纪60年代末，大稠顶自然保护区就是中国科学院华南植物研究所采集标本和进行科学研究的重要基地，并积累了大量数据。1990年广东省人大常委会将大稠顶自然保护区列入省级建设规划。

　　大稠顶是一个偌大的天然植物园和动物园。其野生植物类群的物种组成计有160科、560属、1101种。区内野生珍稀植物主要有7种。这里名木名花

大稠顶上的奇石景色

新岗风光

品种繁多，楠木、梨木、檫树等名贵树种和山樱花、金吊钟、禾雀花等名贵花卉星罗棋布。当中有高耸入云、婆娑起舞的参天古树；有牵附着古树的藤蔓；有乌韭、乌药、七叶一枝花、土茯苓、板蓝根、两面针等药用植物；还有京梨、毛花猕猴桃、山楂、剑兰、阔叶万寿竹、香百合等观赏植物；

此外，还有喜树、桫椤、野茶树，普洱茶、野生荔枝、金毛狗、八角莲、樟树等野生珍稀植物；红椎、华南椎、竹柏、华润楠、本地山杉、檫树等则是保护区内的优良用材树种；保护区还拥有广东省内罕见的喜树群落。科学研究发现，喜树脂对癌症有很好的疗效。早些年，美国研究所科学家海曼曾带中国博士李世支到大稠顶研究喜树，发现从大稠顶生长的喜树提炼出的喜树脂比其他地方生长的喜树提炼出的喜树脂成分高，这是大稠顶自然保护区的至宝。

大稠顶的野生动物资源也较为丰富，有陆栖脊椎野生动物258种，隶属71科27目，属国家一、二级保护的有32种，占广东省珍稀濒危动物总数的27.4%。属国家一级重点保护动物的有黄腹角雉和蟒蛇两种，二级保护动物有猕猴、穿山甲、苏门羚、白鹇、虎纹蛙、地龟、三线闭壳龟、短尾猴、水獭、小灵猫、斑林狸、凤头鹃隼和赤腹鹰等。这里的原始次生林苍苍茫茫，谁也说不准会跑出什么珍稀动物。

这里值得一提的还有温泉资源。2005年9月，地矿部广东省中心实验室对大稠顶自然保护区温泉水进行了全面测试，结果表明，此地泉水的微量元素含量丰富，是广东省最好的温泉资源。其中，偏硅酸的含量117.74毫克/升，氟离子的含量17.92毫克/升，还有未被化验的氡，PH值8.75，偏硅酸的含量比全国著名的御用温泉——清华泉还要好，氟离子的含量比从化温泉要高。日流量达800～1000吨，每日可接待1500人次，是目前国内罕见的优质温泉，虽还暂待开发，但已有很多游客慕名而来了。

六祖文化园

## 上爱岭，孕育禅宗文化的圣地

　　在怀集县西北十数平方公里的小盆地上，横亘着一列山岭，当地人称之为"上爱岭"。不知是上苍特别关爱这山岭，还是此岭独赋禅机，早在1300年前，一次偶然的机会，竟与那名扬中外的禅宗六祖惠能结下了一段不解之缘。至今仍珍藏着中国佛教史上一段鲜为人知的章节。

# 惠能卓锡处

　　据《六祖坛经》记载，惠能因作"菩提本无树，明镜亦非台，本来无一物，何处惹尘埃"一偈，深得五祖弘忍赏识，授为第六代传灯人。惠能出身低微，又没文化，投五祖门下才八个月便成了衣钵传人，深受众师兄嫉妒，寺院内，一场衣钵争夺战一触即发。为避免门下弟子同室操戈，弘忍仓促传法后便秘密地把惠能遣走了。惠能南渡后，谨遵师父"逢怀则止，遇会则藏"的叮嘱，隐居怀集、四会一带的猎户家中，潜修长达十几年之久。此段历史，《坛经》的各种版本以及有关禅宗发展史的各种典籍，虽均有载及，但都是一笔带过。至于惠能"怀宝迷邦，销声异域"十数年的详情和具体地点，却一直是个谜。偶翻《怀集县志》，其中有关惠能遗迹的记载引发了我们登上爱岭的兴趣。《县志》载，上爱岭便是惠能隐居期间的"卓锡处"。并载，惠能曾在此"以众生为净土，杂居止于编人"，视"世事是度门，混农商于劳侣，如此积十六载"。

六祖岩

六祖岩山脚下的衣钵岗

# 惠能为何独钟这山岭

　　未到上爱岭时，曾百思不得其解：怀集、四会一带名山异洞多得是，惠能为何独钟这偏僻的上爱岭？登上爱岭，越是登上高处，越能感悟到深一层的境界。上爱岭，山高林茂密，怪石嶙峋，一步有一步之险，一坡有一坡之奇。作为尚未脱离苦海的惠能，只有隐匿于这深山野岭，才可望摆脱尾随的腾腾杀气。每天迂回在这艰险的林径攀爬苦修，这正是惠能顿悟法门、促使禅宗浴火重生的玄机。循着先人踏出的绿荫小径，要攀爬一个多小时，才能登上上爱岭最高峰——龟嘴顶。据山中的村民介绍，此山因山上有龟嘴岩而得名。据传当年惠能曾藏于岩中修禅，故又称"六祖岩"。岩穴由几墩数丈大小的天然巨石凑合一处搭筑而成。远看，宛如一只背西面东的神龟，张着巨嘴，安然匍匐于山顶之巅。在岩石的峭壁上，我们找到了前人的一些题刻。字迹虽已被风雨剥蚀得有些模糊，但"六祖岩"三个楷书大字以及一些诗句仍依稀可辨。石室不大，仅可容三五人坐立，岩前咫尺之外便是悬崖深渊，但环境极为清幽：后枕天堂岭的林荫绿野，前临坦荡如砥的万顷平畴。

六祖岩山脚下的六祖禅院

六祖禅院建筑古香古色

六祖岩就在上爱岭的巅峰上

袈裟石

　　端坐其中，四野开阔，八面玲珑，极目远眺，云霞浮荡，空空灵灵，天地尽在缥缈间。我暗地揣度，或许这就是禅宗所谓的"不染万境"、"般若三昧"的境界吧！不然，惠能大师又如何能定下心在此独守孤峰，且大彻大悟佛法的真谛呢？

　　一般看来，惠能得五祖真传，成为一代宗师是理所当然的事情。但只要对禅宗发展史稍作深入了解就不难发现，惠能之所以有成就，并不在于师承五祖，而在于其敢于"呵佛骂祖"，创立新说。正如郭朋在《隋唐佛教》一书中所说的："惠能以前，只有禅学，没有禅宗；禅宗，是惠能创始的。"如果说，惠能在黄梅学佛属"迷时师度"阶段，那么他南渡隐居的过程，则是"悟了自度"的过程。在自度过程中，正是上爱岭那样的清修之所，使得他摆脱烦嚣而众妙会心，最终悟出了"适合中国国情"的佛教体系，完成了"把印度传入的佛教中国化"的理论创新工作。难怪人们称上爱岭为"孕育禅宗文化之圣地"呢！

## 六祖禅宗传播第一站

　　登临路上，我们还从村人口中了解到：惠能当年隐居猎人队里，虽未曾开坛讲经，但却"时与猎人随宜说法"，且其所说之"法"，早已渗透在怀集的民俗文化之中了。如当地乡村猎人的"放生"行规、民间信佛者参禅而不剃度的修行方式和"吃狗羹而不食狗肉"的吃素习俗，以及乡村庙会所特有的规例和程式等等，禅宗文化的痕迹显而易见。从这个意义上看，上爱岭这段禅缘，也使怀集一带成了"六祖禅宗思想传播的第一站"。

　　到上爱岭谒六祖岩，不禁感慨万千：在岭南，据传是惠能踪迹的景点不少，可惜真正的踪迹大都被富丽堂皇的现代建筑湮没了。然而，历史的价值并不体现在现代建筑技艺的高超，而在于文物的原始真实。如果说上爱岭景区还有其存在的价值的话，我想，这价值就在于那森林绿野的荒芜，在于那摩崖石刻沧桑斑驳的风雨留痕，在于那始建于唐长庆年间的六祖禅院的断墙残壁，在于那乡风民俗的古朴和率真……这或许正是上爱岭赢来众多游客的原因所在吧！若在人性人情中纠缠久了，不妨登上爱岭偶尔"出世"一趟，设身处地去体验惠能参悟禅宗思想的自然和人文境界，体味其面对困难敢于抗争、大胆创新的精神，这对我们正确认识禅宗文化的历史价值，更好地"入世"不无裨益。

花石远眺

# 花石，道教洞天"二十地"

在怀集西部梁村平原有一片奇特的喀斯特峰林，这峰林很美，而且特有灵气，因此，人们称之为"花石洞天"。花石洞天由十三座孤峰组成，以望岳岩为最高峰，地理学家称它为"花石峰"。

## 平畴绿野间突兀着十三座孤峰

在两三亿年前，中生代的红色岩系沉积在石灰岩古剥蚀面上，再经河水长期冲刷，在这里创造了一片几十平方公里的平坦冲积小平原，地质学家称之为"梁村平原"。这里土地肥美，典型的潴育型水稻土孕育了这方富甲一邑的鱼米之乡。尤为奇特的是，大自然在创造这平原的时候，偏偏又留下了艺术的一笔：当河水大面积溶蚀周围红岩层的时候，把十三座雕琢得十分精美的石灰岩孤峰奇迹般地留了下来，并不偏不倚地安放在平原的中部。因此，花石十三峰，成了岩溶地貌的一个经典，成了怀阳风光的代表作。早在唐代这里已经是著名的风景区了，据说，它还被列为道教七十二福地中的第二十福地，至今民间还称"二十地"，每年农历正月二十，这里就会举行隆重的庙会——"二十节"。

驱车在平阔的梁村平原上奔驰，花石十三峰老远就映入眼帘了。峰林，高则二三十丈，低则二三十米，突突兀兀崛起在平畴绿野间，一字排布，高矮相错，既不倚不连又相互呼应，由西而东连绵数公里。大自然之造物，真令你无可想象！

道士岩

## 葛洪曾在这里采药炼丹

农历正月二十是花石洞天最热闹的日子。一大早，人们就不约而同地云集道士岩、四门岩几处岩穴，也无需任何号令，耍岩活动就忙而不乱地拉开序幕了。民谣有唱："好耍唔当二十地，好吃唔赛二十节。"那天，人们把春节最热闹的节目如赛醒狮、演大戏、玩杂耍等，最好吃的小吃如梁村云吞、浠水白糍等，都搬到这里来了……千古庙会，千种风情，每当谈及当年的二十节，老人们总是兴致勃勃。

有学者研究怀集古代宗教时指出："纵观怀集地区的民俗文化，道教比其它任何一种宗教影响更为广泛而深刻。这缘于怀集特定的人文和地理等方面因素。其一，自上古以降，怀岭一带的居民主要是百越土著和壮、侗、瑶、彝等少数民族，自然崇拜是他们最原始最基本的宗教信仰，这正为脱胎于上古自然崇拜的道教之衍生和传播提供了合适的人文温床。其二，怀集地处粤西北山区，在交通尚未发达的古代，以中原地区为中心的政治斗争和宗教冲突，对怀岭一带影响甚少，使道教能在这里相对稳定地延续与发展。此外，葛洪花石采药炼丹遗下的踪迹和神秘传说，使道教更富有感染力和穿透力，长期影响怀集的民俗文化。"

据说，二十节是人们纪念葛洪的节日。《怀集县志》载："晋葛洪尝游名山，过浠水县，览花石洞，遂居道士岩，觅丹砂，采金鹅蕊。"至今丹灶中镌"抱朴"二字，水渍经久，隐隐尚存。葛洪是著名的道教思想家、外丹学家和道教神学的奠基人，其所到之处，如罗浮山、勾漏洞等均被视为道教圣地。花石洞天因遗有葛洪修道物证，被奉为道教圣地自然是顺理成章的事情了，难怪二十节这般热闹。

## 惠能曾在这里参禅

花石洞天不但是一个道教圣地，也是一处六祖禅宗名迹。据传惠能隐居怀岭时曾到此游历，早在唐长庆年间，道士岩附近已建有纪念惠能的六祖亭

花石望岳岩石刻

了。后又在华光寺内创建有六祖禅室。

　　近年有学者撰文指出：花石洞天与惠能创立禅宗思想体系有着千丝万缕的联系。唐代以前，这一地区的民间宗教主要是道教，对于佛教来说，惠能入怀之前基本仍是一个处女地。惠能入怀后，耳濡目染当地道教兴盛形势，思想发生了新的"顿悟"：若按传统程式传禅，始终难以走出式微的死胡同。因为从异域生搬硬套引进的禅学理论和传授方式，跟中国民众的实际情况距离太远了，是否能参照道教的方式改革禅宗的修行程式呢？他陷入了苦思。

　　于是，他就选择距道教圣地花石洞天不远的上爱岭隐居于猎户中默默修行，最终吸取道教兴盛的历史经验，对佛学修行文化进行改造，把印度佛教中国化，创立了适合中国劳动人民的佛经。事情的发展也是这样，在怀岭一带的民俗文化中，平民化的南禅思想不但很快为广大民众所接受，而且很好地与道学思想相融在一起了。道中有佛，佛中寓道，这是怀集民间宗教的一大特色。在人们的心目中僧侣和道士没有什么区别，都统称为"喃么佬"。更有趣的是，在花石洞天人们还把道观与六祖禅室合建在一庙之内，并统称为"华光寺"。

# 这里酷似《西游记》里的仙境

　　撩开神秘的面纱看花石，这一方山水确实精灵、活脱、秀气。早在隋唐时代，花石十三峰已是游客如云的风景名胜了。今存年代最久远的摩崖

花石最高峰望岳岩

石刻，是唐代长庆四年（824年）的作品。20世纪50年代，老一辈无产阶级革命家陶铸同志在一次路经花石时，十分赞赏花石风物的神奇，并指示当地政府要好好保护这一历史和自然的珍贵遗赠（当时村民正大量开采山石烧制石灰）。20世纪末，香港亚视拍摄电视连续剧《西游记》时，剧组曾千里迢迢专程到花石拍摄外景，并把这里当作唐僧师徒西天取经时路过的"乌鸡国"，现场演绎"八戒深夜探龙宫，千年古井救国王"的神话片段。

花石，记录着一段神奇的自然衍变史，也见证了一段神秘的人类社会发展史。花石，不愧为大自然之造化，人类的福地洞天！

## "高类衡岱"的三岳

怀集县蓝钟镇有一个叫岳山的地方，因为这里有头岳、二岳、三岳三座上千米的巍峨山岭，习惯又称"三岳"。又因三峰连绵耸峙，远眺就像一只腾空而起的飞燕，有人又喻之为"燕岳"。《怀集县志》载：岳山因高类衡岱故名"齐岳山"。

岳山，三峰并立，携众多小山，列列布布，如天兵布阵，似罗汉坐堂，气势恢宏，形态万千。早在1000多年前就已声名卓著，成为怀阳山水的典型形胜，成为怀阳山脉文化的代表符号。而今，三岳被列为省级自然保护区，更成了远近景仰的名山。

# 大自然的一幅精美彩绘

　　三岳自然保护区属中、低山型山地地貌，峡谷溪流纵横交错，总面积3172.51公顷。最高峰二岳顶，海拔1290.5米，而沟谷最低处海拔仅240米，相对高差达1000米以上。这里分布有大片原始次生林，亚热带常绿阔叶林是这里万千生灵的美丽家园。林荫绿径、古树奇花、珍禽鸟兽各得其所，相竞而又和睦地演绎着千古生命传奇。

　　保护区具有中亚热带的气候特征，年平均气温20.8℃，年平均降水量为1779.2毫米。据调查，区内森林覆盖率为78.6%，活立木蓄积量18.9万立方米。

　　登三岳之巅，你会惊诧地发现，大自然竟是一位出色的美术大师。看他给这林野的绝妙着色，非师级巨匠无可能为：在海拔500米以上地带，是大泼墨式的中亚热带常绿阔叶林，外围包裹着常绿针叶林；在海拔500米以下的山坡，则是粗笔勾勒式的热带植被。550～850米之间为深染的山地常绿阔叶林，900米以上的山顶则以灌草丛林细笔敷盖。不同海拔，不同林相，不同色彩，绿里泛黄、黛中透蓝，天青、熟褐、朱红、赭石、煤黑各得其用。读这山野林莽就像欣赏一位国画大师的佳构杰作，左看右看，总看不够，看上看下，美不胜收。

岳山云海

岳山下的蓝钟河风光

# 绥江源头的一块珍稀翡翠

　　岳山绿海如茵，物类繁多，就像一个"人口"繁众的动植物大王国。区内植物类群的物种以中亚热带常绿阔叶林为主，有168科、546属、1001种。其中属国家重点保护的珍稀濒危植物有6种，属国家二级保护的有金毛狗、桫椤、大羽桫椤、喜树、台湾苏铁和秃杉等。区内陆栖脊椎动物有25目、78科、307种；昆虫纲有15目、156科、492种。其中属国家重点保护濒危陆栖脊椎动物47种，占广东陆栖珍稀濒危动物种数的40.2%。

　　叫外行人听这一串串数字，显然觉得有点枯燥。而三岳保护区的护林员们却如数家珍："你们知道吗？我每次数那一串串数字的时候，眼前就会亮起一串串红灯——在人与自然千百年的残酷博弈中，大自然的和谐本性正在不断惨遭损毁，很多原始物种已经或者正在不断灭绝。幸好这三岳保护区为这众多濒危灭绝的生命留下了一片家园……如果现在不好好保护，它们就要永远在这片土地上消失了。没有了生命，这里也只剩下一片贫瘠和死漠……"

　　的确，在绥江流域，像这样的原始次生林已经不多了，在上游源头就仅剩下这三岳自然保护区和东北部的大稠顶自然保护区了。如果从万分之一地图上俯瞰整个绥江水系，这两个保护区也仅如两颗绿豆般大小。把三岳自然保护区比喻成"绥江源头的一块珍稀翡翠"实不为过，我们应该像爱护珍宝一样守护着这片山域，保护这里的山山水水、林木植被和野生动物，这其实也是在保护我们自己。

# 山脉文化的一支温馨脉搏

　　俗话说："靠山吃山。"恒居这山岳之中的人们，无一不对山脉怀有特殊的感情。就像这岳山，人们"吃"岳吃出了不少感慨。

　　"独上怀阳第一峰，置身如在九霄中。长天日映碧云合，万顷无波天际红。"明代举人梁骥说，这山很高，特有气派，特有风景，登临此山简直就像登上霄汉仙景——梁骥"吃"岳，可谓"吃"得意气飞扬。

　　"芙蓉盘峻白云迷，其说周遭与岱齐。甘雨降时肤触石，温泉流处练成溪。支筇绝顶天关近，回首诸峰月觜低。为问仙灵丹药就，肯分勾漏寿蒸黎。"句容举人、明代怀集知县李盘说，这山很美，特有景致，特有灵气，芙蓉、甘雨、温泉……一切都是世间罕有的，大抵葛洪的长寿仙丹就是在这里炼就的吧！如果能取下来分给黎民百姓，大众一定都会是长寿翁——李盘"吃"岳，"吃"出了好一派"父母官"情怀！

　　生于斯、长于斯的明代怀集籍进士陈禄，从小面岳苦读，他对岳山的感受更是不同："一山屹立广之西，便与中州五岳齐。从此登临须著眼，莫疑炎地众山低。"一位世居偏乡僻壤的农家小子，十年寒窗而一举高中皇榜，自然是来之不易。陈禄说，这得益于三岳的启迪，是那"齐岳精神"之鼓励和磨砺，激发了他敢与"中州五岳齐"的胆识和勇气。

　　当然古人崇尚高山大川，不仅仅是为了吟诗，更有着一种发自内心深处的精神寄托。关于这三岳，古本《怀集县志》就有这样的记述："山腰有铜钟一、铁钟一，上存刘宋年号，钟自有声，风雨辄应。有龙潭久旱不涸，祷雨者尝诣焉。"认为高耸的三岳，必有一种"神"的力量在主宰，有"神"

岳山下的蓝钟河风光

　　之灵气在福荫着人间。昭昭之岳，吞云吐雾，呼风唤雨，可谓"神"矣！

　　古人的山脉文化虽然因时代局限而带有浓重的唯心主义色彩，但人们对自然与人类生息关系的朦胧认识却是有深远意义的。假若这世界没了那青山绿水，人将安在？因而，人们在饱受工业文明"副作用"之苦以后，逐渐认识到优美的生态正是人类文明最古老的根。若连这仅剩的几块保持原始色的山脉也被工业文明吞噬了，人们不但会失去了曾孕育人类文明之根，也将失却最后退避的家园，就像那濒危的动植物……因而，在今天，社会越是文明进步，人们就越崇尚绿色游、生态游、山村游，就越向往乡村美食、农家佳肴、绿色食品。渴望在回归自然的体验中，找回那份久违的不造作的美的感觉、美的享受。

　　三岳，独啸长风，对天屹立，不但因其"高类衡岱与岳齐"而令古人瞩目，更因它为绥江之源保存了一片完好而美丽的原生肺叶而备受今人景仰！

感悟
名水神韵

阅读怀集人文

不能不读这方灵水

中洲河——绥江之源

白水河——秦汉古道

永固河——革命红河

……

这每一道河

都是富有独特神韵的文化之河

　　怀岭纵横，河溪众多，怀集向来有"一江两河二十一水"之说。水是生命之源，万物之本，水与万物生灵密不可分，因而，河流溪涧也就成了人类生存和活动的一个重要场所。因循河溪而衍生的"人文文化"，就像随物赋形的水，比其他文化更富于包容性、更充满意蕴。如绥江之源中洲河、孕育了"竹中之王"的厘江、著名的"革命红河"永固河等，不仅仅是流水之河，更是文化之河。还有白水河、高温矿泉、鸳鸯莲湖等都是充满灵性、各具风采的河湖名水。

# 绥江之源中洲河

　　1亿～2亿年前强烈的燕山运动，在怀集大地划了一道道东北—西南走向的大小裂谷，中洲峡就是其中最有代表性的大裂谷之一。中洲河沿裂谷蜿蜒南流，风光旖旎，人文荟萃。在古代，这里是岭南民族走廊重要通道，也是海上、陆上丝绸之路重要对接点之一；在今天，这里将国家重点公路太（原）澳（门）高速沿河贯穿全域。

　　中洲河发源于连山、连南两县交界处海拔1421米的擒鸦岭，古称"抛石凹"，绥江之源正是从这里开始。由于沿途有交通重镇中洲镇雄峙其中，人们习惯称其为"中洲河"。

## 怀阳名景：三江泛棹

　　中洲河连麦河段，古称"白沙河"，有青枝河在此汇入，形成了一个三江聚汇的风景胜地——"小三江"。清初举人高仁山有《咏小三江》诗云："白沙水口小三江，舟泛行人渡石巩。波绿花红两岸阔，春风一棹燕双

小三江景色

双。"这里江面开阔，台地平坦，滩涂奇秀，竹木成荫。东面白沙平原，西辅凤尾三角洲，南北有凤凰岭、吉楼岭挟其要，三江六岸，风光秀丽。早在宋明时期，小三江已是烟村繁茂的商贸集散地，至今仍有凤凰岗上的凤凰观、凤凰岭下的凤凰庙以及白沙古埠头等古迹向人们诉说着千古沧桑。传说当年江西风水名师王灼游凤凰山曾留偈云："五星归垣，有凤来仪。将军坐幛，太子观朝。"

明代万历年间评选"新怀阳八景"，小三江就是八景之一——"三江泛棹"的所在地。旧《县志》载："三江泛棹，在白沙。白沙、青河二水合流

中洲花果山

趋东，峰峦回抱，流洪而不险，舟路纡徐，入望多翠竹苍松。"明怀集知县
李盘《三江泛棹》诗云：

二溪流合渌江深，松竹娱晖展客心。

画舫烟中分近远，清吹空外乐栖寻。

飞红浦淑春增丽，凿翠篷窗晓带阴。

山色有无怀欲就，是中应可信登临。


# 古道要塞：水下营

水下营址在今中洲镇营后村，在怀集建县史上这里是一个很重要的交
通要道和兵防要塞。旧《怀集县志》载："水下营，在县北一百余里，通连
山县并田、三江、省峒……近营有回龙迳，茅舍、举峒。两面高山，中有深
浜一道，为回龙水。立营于山之陡折处，贼不能渡也。""过水下，一路坦
行平坡，直达县治，设营于此，前临水，后踞山，为据险总路。"明代以后
水下营为著名的"防瑶十九营"之一。《清志》载："白沙四堡，前明瑶乱
为最重地，下帅错连山，瑶近蹂躏之乡而实为四堡八甲之屏蔽，以水下一讯

中洲瀑布

为重关。康熙二十二年复营，二十六年分左江镇兵五十名，百总领之，乡兵四十名贴防。北援下帅，南卫四堡道，屹然为北门之锁钥。"

营后村还有一处很别致的景点——鱼伞坑瀑布（又称"中洲瀑布"）。鱼伞坑发源于海拔814米的鱼伞顶，由西向东延绵10余公里经营后村汇入中洲河，沿途悬崖峭壁，飞泉流瀑，形成几米至几十米的大小瀑布10余处。其中落差最大的仙鹤瀑，飞流直下三四十米，气势壮观，为中洲河的著名景点之一。

鱼伞坑瀑布

中洲河莲花石

## 千年古埠：增田埠

　　增田埠位于怀城、中洲、连麦等镇接壤处的增石村，为中洲河畔的千年古镇，旧名今用，曰"增田埠村"。古镇旧址在石鼻渡东岸，昔日风貌依稀可辨。旧街东起清水塘，西接天后宫码头。街道两旁为古式骑楼结构建筑，临街商铺整齐划一，铺门右侧均设有售货橱窗，俗称"铁窗踏"，屋檐下均挂一对用作张贴招牌的"铁葫芦"。大户人家门前和街道两旁，则以统一规格的花岗岩石条砌成，路面以大小均匀的精选河卵石铺设，昔日繁华，由此可略见一斑。

　　增田埠居民来自五湖四海，留住至今的主要有曾、叶、房、汤、黄、谭、阮、李、周、蒋等十几个姓氏。"一墙之隔，姓氏不同；一门相对，风俗各异"，这正是增田埠的真实写照。如端午佳节的具体时间就各有差别，有的人家以四月三十为节，也有的以五月初一为节，更有的以五月初五为龙舟竞渡佳期。

《县志》载："莲花石，在白沙石鼻渡头。突起水中，状若莲花，茎叶兼有，傍岸一岩幽深叵测。"清诗人房长年有赋云："惟天地之神异，结精魄于土窍，英华每见乎山体，坚骨时形其不瑕。碌碌难转，粼粼可嘉，抱正介以自守，含水月以咀华。肃肃化光，不事女娲之炼，亭亭净植，讵入德裕之家。问嘉美所肇锡，标厥名曰莲花。"今石鼻码头虽已苍驳，但古渡风情尤存，竹排木船为渡，"莲花"仍千古盛开。

# "怀集红旗渠"：水下工程

水下水电工程，坐落在中洲河支流下帅水下游，为当年全县民兵大会战首项重大成果，被誉为"怀集红旗渠"。其在怀集乃至全国小水电发展史上，写下了光辉的一页。

整个工程由蓄水库、引水渠和一、二、三、四级电站组成，为怀集首宗装机容量上万千瓦的水电工程。始建于1965年，1972年一、二级电站投入使用，装机容量1.2万千瓦。该电站的投产，使怀集县成为当时全国小水电装机容量最多的4个县之一。电站引水渠为人工修筑的土渠，长480米，过水量9.6立方米/秒；落水管则为怀集工程师创制的"混凝土预应力压力水管"，管长420米，内径1.25～1.3米，落差171米。水下水电工程指挥部这一"混凝土预应力压力水管研究和应用"科研成果，为全国首创，曾于1978年获全国科学大会奖。

水渠

水库

厘江水边人家

## "茶竹之乡"话厘江

　　滚滚绥江随南岭余脉倾泻南下，途经怀集坳仔镇的低丘台地的时候，却一改风格，像羞于出阁的闺秀，遮遮掩掩，欲去还留。可就这一转抹，却尽收天地灵气，编织了一段别致的山水锦绣，曰"厘江"，孕育了一种美丽的风物特产，曰"厘竹"。江因竹秀，竹因江名，厘江厘竹，互负盛名，相得益彰，形成了一道美妙的文化风景线。

# 厘江，美丽的山水画廊

　　厘江，峰回水转，一里一屿，半里一滩。两岸是漫山遍野的竹海，岛屿河滩也是绿荫妖娆的厘竹林，山、水、竹融洽地糅为一体，风清水秀，竹影重重，鱼鸟云集，白鹭翩翩。沿河滩涂岛屿，以丰亨滩为界，上游以卵石滩为主，团团簇簇，布满各色奇石；下游则以细沙滩为奇，清洁明净，金黄橙碧。上下游，沙滩石涂泾渭分明，两不相杂，唯独这丰亨滩，一半是石，一半是沙，典典雅雅，宛若一个精妙的天然分拣器，把卵石拣拾到岛屿上边，

加工厘竹

怀集竹行

把细沙随水流筛到下游的滩屿。这星罗棋布的黄沙滩，就像是大自然有意安排的厘竹天然加工场。夏秋时节，人们把砍下的厘竹运到沙滩，经过砂洗、翻晒、分拣等工序后，加工成"沙白竹"，再沿厘江入绥江，运往广州、香港，然后转销世界各地。这些小沙滩，成了厘竹驳接世界市场的大码头。

沿江两岸阔平的台地，错落分布着十几个小村庄，土舍洋楼、厘栅竹棚、古树庙观就点缀在绿竹丛中。"翟翟竹竿，以钓于淇"，"山雨溪风卷钓丝，瓦瓯蓬底独斟时"，这是令人向往的厘江人家悠然自得的生活乐趣；晨风暮霭，四时清凉，春风随水起，秋雨从雾生，"天街小雨润如酥"，这正是竹乡人民美好家园的真实写照，也为外乡的客人展现了一幅美不胜收的烟村画卷。

# 厘竹，名扬四海的"中国坳仔"

厘竹，伴着厘江而生，主要生长在怀集县东部、南部的山岭之中，集中产地是东南部绥江沿岸。现在，坳仔区有茶秆竹50000多公顷，共占怀集厘竹林面积的60%以上。坳仔区的罗大、坳仔、大同、璃玻、仙溪等乡和大坑山农林场的盘布、高龙等乡的茶秆竹，山连山，片连片，正宗的坳仔厘竹就出产在这一带。

"山间窈窕本无名"，厘竹当初也只不过是厘江河畔的山间林木。清朝中叶，坳仔有一位农民觉得这竹子挺不错，便砍了几捆厘竹，随木排运放到广州街头摆卖，恰巧被一位英国商人相中了，便带回去做钓鱼竿，无意中发现这是制作高级钓鱼竿的绝好材质，于是便专以加工和营销沙白竹及钓鱼竿为业，大量收购贩卖至欧美市场，厘竹从此成为世界竹子市场的抢手货。到18世纪末，以厘竹制作的钓鱼竿畅销世界五大洲。当时，生产厘竹钓鱼竿的厂家主要集中在英国和美国，第一次世界大战结束至第二次世界大战前后是产量最高的时段。

厘竹制品在世界市场虽早已名声大噪，但在相当长的一段时间里，它只是一个隐姓埋名的"侠客"。因为最初的厘竹市场基本受外地商人钳制：首先是香港、广州等地竹商在厘江沿岸开办竹庄（据载，至迟于1840年已有香港商人在坳仔开办竹庄了），直接原地收购"沙白竹"转卖给日本商人。日本商人则以"东京竹"为名重新包装，然后改道东京湾转销欧美市场。因此，欧美地区一直称厘竹为"东京竹"或"竹王"，其真正身份一直鲜为人知。直至20世纪初，美国农业部为了彻底弄清这神秘竹子的来历，下令各驻外机构开展地毯式搜查。后来发现其原产地在中国，又马上通知当时在广州岭南大学任教的植物学教授莫古里（Moglure）尽快提供实地调查报告。于是，1925年秋天，莫古里与岭南大学冯清教授一起，到坳仔大同村住了半个月，详细考察厘竹生态、种植、加工等情况，并撰文在《世界竹子研究》上发表，正式命名为"茶秆竹"。他在文中对厘竹赞叹不已，说厘竹是"世界上最无与伦比的竹子"、"世界最美丽的竹子"、"世界竹子之王"。至此，厘竹产品正式得以认祖归宗，正式以"中国坳仔"为商标销往海外。时隔半个世纪，莫古里的学生、国际地理学家卢斯·马登（Luis Marden）夫妇遵师嘱，于1974年8月专程到厘江考察厘竹，并编撰出版了一本专门介绍坳仔厘竹的专著《茶秆竹》。该书对厘竹生态、种植、采伐、加工、销售等情况作了详尽介绍。

因为有莫古里师徒的不懈努力，厘竹更加饮誉海内外了，用途也在不断拓展。20世纪50年代，美国人曾以塑化处理后的厘竹制作飞机油箱零部件；苏联人则用厘竹制作滑雪杆，使"古比雪夫"牌滑雪杆风靡一时，曾为当时国际滑雪赛事指定器材；20世纪90年代初，厘竹还曾作为五大名竹之一荣登"国家名片"——中国邮票。

怀集县被国家林业部门授予"中国竹子之乡"称号，这也缘于美丽的厘竹。厘江因厘竹而闻名，怀集因厘江而更加美丽！

厘竹

邮票中的"茶秆竹"

厘竹

# 神奇美丽的白水河

　　白水河，从千米高山倾泻南下，喷喷涌涌，投江入海，穿越时空，横亘千古。追江溯源，其不仅仅是绥江水文北纬最高的源头，更是绥江文化发祥延绵的重要源头之一……"白水白水三样多，山多水多神庙多"，白水河畔流传的这简朴民谣，形象地道出了白水河的特点：山美，水美，物华美，人文更美。

白水河风光

新岗林海

# 黑山白水风物美

　　"黑山白水长又长，山上灵芝采不完。山上灵芝采不够，又上竹排放鱼钩。鱼钩弯弯鱼儿长，芦苇荡里莳鱼香……"民歌所唱的是历代白水人"采菊东篱下"的世外悠闲生活以及这山隈水泊美丽风光的生动写照。这里山高水长，林泉清奇，土地肥沃，物产丰富，盛产多种名贵木材，是"怀集木"的主要产区。在以自给自足为目标的农耕时代，丰富的林木资源，不但足以养活这一千几百口白水人，而且曾使这里的山野人家富甲一方。因此，千百年来白水人也就心安理得地在这域外之地耕山种土、安居乐业了。解放后，这里也是怀集县重点林场白水伐木场所在地，怀集木就沿着白水河源源不断地运往珠三角以外的广大地区，白水河也就千古不易地在这著名的林业大县里担当着一个不可缺少的重要角色。随着时代的发展，今日的白水河已不仅仅是一个林木之乡，更是一个水电之乡，因为凤岗河22.5万千瓦的水力资源大部分就集中在这一河段。

高塘水库

# 高峡平湖景色新

　　白水河发源于怀集与连南交界的分水坳，源头高程达1364.3米，远看就像一条凌空飘下的白练，其落差之高、峡口之多、径流量之大，是绥江水系任何一个河段所无可比拟的。20世纪90年代初，"白水发电之日，怀集腾飞之时"的口号响彻云霄，沉睡千百年的黑山白水被唤醒了，水利专家来了，香港中华电力的老板来了，承建葛洲坝水电工程的工程队来了，南腔北调的建筑工人来了……总装机容量7.5万千瓦的梯级水电工程动工了，高塘、鱼跳、长调、新湾几座蓄水量数以亿计的大型水库相继合围，白水河一片欢腾，高山深谷一夜间蓄为平湖，沿途几十里全成了水乡泽国。

　　高塘大坝，是"广东第一垒石高坝"，堪称"粤西北葛洲坝"。它像一扇擎天巨擘，卡住高塘峡，紧握轰轰南奔的巨龙，把这高峡深谷蓄成了浩渺的烟波水廊。高塘水库，常年水深80～90米，蓄水量近1亿立方米，湖区从高塘峡一直绵延到上游十几里的十三坑村。过去"一雨三日涝，一旱粒无收"的白水重灾区，今天却成了一个"雨不涝，旱不灾，大灾之年保丰收"的鱼米之乡。山岭林壑，高峡平湖，芦沼鸟廊，烟村草树，今日的白水河正协奏着一曲如诗如画的和谐新乐章！

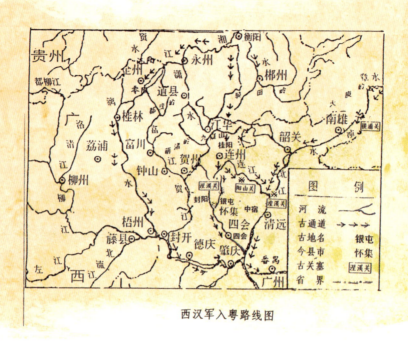

西汉军入粤路线图

# 秦关汉驿历史长

　　1亿多年前的燕山运动，大自然在这高山峻岭间划了一道峡谷，后人命之为"白水峡"。白水峡北界连南通粤北，南接绥江入珠江，自古以来就是南北贸易往来和军事交通的重要通道。

　　近年有学者考证，白水河就是《史记》所载之"湟溪"，隐藏在今白水河上游石莹村的古"白水营"就是当时南越国通往中原三大关口之一的"湟溪关"，亦即秦末中原大乱时南越王赵佗"急绝道，聚兵自守"的三大要塞之一。可惜，自班固的《汉书》问世后，白水河的这段史实被埋没了。原因就是班固在《汉书》中误将"湟溪"写作"湟溪"了，后人遵其说，大都把"湟溪"误作"湟溪"（今连江）之别称了。《汉书》的错误，曾有不少史学家提出过质疑，唐代著名史学家姚察曾批评班固："《史记》作'湟'，今本作'湟'，湟及湟不同，良由随闻则辄改也。"并指出，"湟溪"应是

"湟溪"以外另一道贯通当时桂阳、四会两县的河流，即今"绥江"。

当年赵佗"急绝道"时，把绥江的湟溪关与连江的阳山关、北江上游的横浦关置于同等重要的位置，纳入军事防御首务。按照当时的交通条件，只要扼住了此三关，南越国的北藩屏障也就固若金汤了。

# 民族通道故事多

20世纪80年代初，广东省民委曾组织专家对怀集的历史文化作详细调查考察，认定"怀集是岭南民族走廊重要通道"。白水峡谷，就是这一重要通道的重点路段之一，历史上曾有大量百越人经此西迁，也曾不断有中原人循此入粤，更有数不清的硝烟烽火从此熏燃而过。

若循着这结论进一步推寻，白水峡谷的文化积淀肯定不薄。我们在白水河沿途的村寨采访时，曾多次听村人讲将军庙的故事。将军庙其实是村中一些古老小庙的统称。庙很简朴，一石、一树，或搭个简陋茅棚就算是一个庙了，但村人很崇祀这"将军"，而且有村必有将军庙。相传，很久很久以前，这里曾发生过不少战事，其中有几位将军魂归白水河。为了纪念他们，后人便立庙为记，称之"将军庙"。尽管随着时间的推移今人已无从准确记起他们的姓名，但庙还是有形或无形地存在着，而且都认为："先有将军庙，后有怀集城。"说"这庙比怀集县城的历史还古老得多"，还说是因为有这些将军当关，才有怀集的安宁。

沿江的十三坑村是一个挺有意思的小村庄。村庄一百几十口人家，却有十三个姓氏之多，村庄也因之称"十三坑"。不同姓氏、不同地区、不同民族，在不同的时期南腔北调地聚居到一个小山村里，而且这不同的语言、不同的服饰、不同的习俗、不同的生活方式，后来都"和而不同"地融合在一起了，这在中国的古代村落中是极为罕见的。十三坑村究竟是如何形成的？十三坑村人究竟共同走过了多少岁月？这连当地的村老也难以说清楚。

白水河沿途的村庄，还有一种很特别的文化现象：民间流传着大量的古代地志诗。所谓地志诗，是人们对前人留下的描绘当地风水的一些歌谣的称谓。内容大抵以描绘山水风光为主，通过对山水的唱颂，一来祈求山水之神庇佑与赐福，二来寄托人们美好的渴望和向往。歌中大多使用比拟、象征等手法，长歌短句，对联诗赋，形式不一。在十三坑我们曾听一老农唱《咏韩信点兵山》："武将出兵最难明，面前台案甚分明。上将尊严案内坐，又在岭侧案前迎。好作官星堂面立，四面出水尽还城……三人同行七十里，五马二十一人骑。出者回家半个月，一百零八为兄弟……观音对柳旗，北帝护文你不知。飘飘罗带轻，砂清水秀管千兵……"所唱的内容，我们虽未完全听懂，但其边哼边劳作、悠然自得的乐趣，听者无不为之陶醉！

　　白水河，一条美丽之河，一条雄浑而悲壮的河，一条永远读不透的历史之河……

民间八音队

# 永固河，壮丽的 "红河"

　　永固河，北江水系绥江支流上游的二级支流，流域面积650平方公里，年径流量虽然不及怀集境内的其他五大同级支流，但在其流域范围内都是一片典型的 "红色土地"，永固河独具的壮美气概，是其他河系无与伦比的。

永固河

## 源系这美丽七星顶

　　旧《怀集县志》载："永固水，源出白崖山，东流经诗洞合水埠、合石泼水，过水沙磊墟，下蓝泷、合蓝洞水，出永固至挂榜山麓，合岩岭水，东流至泼水务本厂，下苦竹角，入广宁泷下，至南乡会大溪入于海。"

白崖山，是永固河源头的最高峰，又称"七星岩"，《一统志》中又名"蓬厓山"，海拔1274米，面积约80平方公里。旧《县志》载："俗传朔望有灯七盏，光照岩谷。又载，险峻盘曲，山多白云，望之如雪，故名'白崖山'。"主峰常年云雾笼罩，每到寒冬，全山冰封，一片银白。山体为花岗岩构造，有牛一岩和王启岩等岩洞，牛一岩高3米，宽1米，深20多米，有一小溪从洞的左侧流过。山上有远近闻名的白崖山茶，盛产石杉、艾松、黄杨等稀有树种和野生药材。

名山秀水毓人文。在唐代，怀集区域曾同时并存3个行政县：怀集县、洊水县、永固县。其中，永固河流域就是当时的永固县全境。古永固县以文风鼎盛、人文蔚起而闻名。古俚语"永固好水口，秀才多过狗"，这比喻字面上虽有些不雅，但却通俗形象地描述了当时永固县尊师重教、崇文守道、人才辈出的境况。

永固河，一条千古扬名的文化之河！

# 怀集第一面红旗在这里举起

云田村，是今诗洞镇的一个小山村。村子不大，但很有名，在革命史上，它就像一面鲜艳的红旗，插在永固河的源头上，光彩夺目。

1925年8月，中共广东区委为加强农村工作，派遣了部分参加省港大罢工的工人深入农村去从事农民运动。怀集县诗洞籍的榨油工人龙元、高贯堂、林生才、陈桂等响应号召返回家乡开展农民运动。在他们的宣传发动下，一个月后，白崖三甲中乡农民协会（含现在的平安、云田、健丰、新凤、双凤等几个村委会）正式成立，会址设在云田村的松柏公祠。这是怀集的第一个农民协会。农民协会设执行委员会，由龙元、高贯堂担任执行委员，植之梅担任财粮委员会委员。农会还制有犁头三角旗和公斗，刻有大印。随着农会的成立，"二五减租"、统一用农会的公斗收租等一系列活动如火如荼地展开了。

在白崖三甲中乡农民协会的影响下，邻近的乡村也纷纷组织开展"减租减息"运动。至1926年3月，怀集南区诗洞的琴寮、万田、保安、凤艳、凤合、健体、中和等乡的农民协会相继建立，4月发展到永固、桥头所属各乡。7月16日，怀集南区农民协会于保安念八庙成立。农民运动的星星之火，迅速从这名不经传的小山里燎原开来，遍及全县每个角落。

# 六龙坑上那段不可忘却的纪念

　　六龙坑，是永固河最大的支流。在六龙坑上曾发生过一段悲壮的往事。
　　1948年6月1日，国民党调集两广11个县的兵力，"围剿"怀南游击根据地六龙坑，叶向荣、陈胜等领导率领主力游击部队和民兵奋力应战。自晨时至午时，敌人蜂拥而来，攻势甚猛，战事对游击队极为不利。为避敌锋芒，主力部队于午后撤出六龙坑，转移到广宁隐蔽。留守六龙坑的200余名民兵，顽强地战斗了三天三夜，终因寡不敌众，六龙坑失守。45名革命志士被带到平山岗集中枪杀，8名则被带去了怀集县城杀害。
　　据当地的龙月照老人回忆，当年的屠杀非常恐怖。杀害革命烈士时是

永固河

下午5点左右，突然电闪雷鸣，风雨交加。平山岗下面有一个鱼塘，血流下来，把鱼塘的水都染红了。她回忆说，"当时游击队打土豪分田地，与群众的关系很好，很多群众自发送菜、米给他们，游击队员则送钱回来。我们那时候在家煮饭给游击队员吃呢。""国民党突然袭击后，包围了村庄，把我们家塘中的鱼、圈里的猪都吃了。白军很残忍，把游击队员的头都割下来，拿回去领赏。一次，我在田间做工，就见到两个国民党兵一人提着一个人头经过。枪毙游击队员时，我和家人都不敢出来看。后来听人说，是一字排开进行枪杀的。枪毙完了，草坪上全是血，即使是半个月后，路人经过平山岗都不敢看墓地一眼。"

后来，平山小学重建校门时，施工工人曾在学校的围墙下挖出两具革命烈士的骸骨。建国后，政府在这里建起了平山岗革命烈士纪念碑，以纪念为革命事业抛头颅洒热血的先烈们。

# 平山岗上铸忠魂

平山岗革命烈士纪念碑坐西向东，占地面积约130平方米。碑身为四方锥形，上尖下宽，高11.3米，分三级，顶端托着一个立体的金色五角星，正面碑座的碑文上刻有诗洞镇75位革命烈士的名字。烈士纪念亭与右侧的革命烈士纪念碑相对而立，亭体由4根水泥柱支撑着，亭顶盖的是琉璃瓦，中间立着一个五角星。亭正面两边的立柱有一副对联："平地威灵革命声恨无穷流万古；山岗忠勇烈士精神不朽播千年。"

平山小学的前身是位于健营琴寮村的琴寮小学。解放战争时期，琴寮小学是粤桂湘边绥贺支队司令部机关的驻地和广德怀六龙坑乡人民政府的所在地。1947年12月15日，怀集县第一个红色政权——广德怀六龙坑乡人民政府就在这里成立。随后成立的广德怀人民抗暴义勇总队的总队部和绥贺支队司令部机关都设在琴寮小学。在平山岗前左侧山脚下，有一个称"红军圩"的小集贸市场。这是当年的六龙坑乡人民政府为打破敌人的经济封锁创办的一个红色集市，当地群众至今仍称这里为"红军圩"。

永固河，一条永远令人刻骨铭心的红色之河！

# 罕见的四大高温矿泉群

人传"怀岭多奇谲",确实不虚,像热水泉、汤水泉、谿村泉和白竹泉等等一连串高温热矿泉,无不为世间所特出。

## "凤岭禅泉"热水泉

热水村,是凤岗镇东北部的一个小自然村的称呼,因村中有"热水泉"而得名。热水村四面环山,十几户人家就住在凤岭脚下的山坡上,沐灵川秀气,居热泉之上。滚烫的泉水从中生代燕山花岗岩隙哄涌而上,地面水温高达72℃,四时温馨,秀气逼人。

据说热水泉曾与唐代名僧惠能有过一段禅缘。热水村人虽世居温泉之上,但起初却视之为异物,不敢饮食,后得惠能指点,人们才顿悟此乃天赐良泉。

话得从当年惠能遵师嘱南遁入怀说起。惠能渡九江、跨南岭,经粤北绕清远望怀而来,途经热水村时正值晚阳西仄时分。投宿村家,洗个热水浴,顿觉身心畅快。问:"此乃何泉?"曰:"地下热泉。"惠能咤异道:"好个地下热泉!"村家面带苦涩:"泉是好泉,可惜此地全是这么个'好泉'呢!"惠能不解:"话从何来?"几经追问,村家委婉诉说缘由。原来,村周围到处都是这种冒烟的怪泉,村人不敢饮用,得每天到几里外的山坑挑清泉水。惠能思虑半晌,舀水端详,水质洁净清莹、无味无臭。曝水品试,顿感甘喉润肺,暑渴消了大半。一瓢下肚,良久,

热水坑温泉区如少女蒙上轻薄的面纱。

热水泉

汤水泉

黐村温泉

不但不见有碍，反觉神清气爽。"好泉！好泉！"村人的疑虑终得冰释了。

后来，村中有心人发现，当年那位"以身试泉"者就是大名鼎鼎的惠能祖爷，于是把村口丛林间的大泉誉为"六祖禅泉"。

## "齐岳天池"汤水泉

蓝钟墟镇西去20公里，有一块居住着十几户人家的山间小谷地，土名"汤水村"。汤水，顾名思义，是一个美丽的温泉之乡。全村遍布汤水泉眼，地面水温在48℃左右。背倚"高类衡岱"的齐岳山，四面奇峰合抱，宛若对天洞开的仙池，故有"齐岳天池"的美誉。

汤水温泉，又称"兴华泉"。据记载，早在宋元年间已有村民到此定居，老宅大抵依泉而建，家居天井均有热泉汩汩流淌，美妙至极。村中多河溪，水源很丰富，从20世纪80年代起，家家户户都安装了微型发电机，有足够的电源供家居使用。90年代以后，又普遍创建了对外开放的家庭式沐浴池，年均接待游客上十万人次。

汤水温泉，属含硫类高温矿泉，虽不可饮用，但气味芳香，是一种绝好的药用高温泉。沐汤水温泉，可护肤防病、延年益寿。"过去温泉白白流，今天变成金元宝"，"汤水"品牌正悄然开启当地的旅游业，引导当地过上红红火火的好日子。

# "七仙浴室" 谿村泉

谿村，背依天堂岭，前临茶岩河，是洽水镇北部的一个偏僻小山村。村野到处林荫曲径，四季青葱，河滨松树婆娑如盖，郁郁芊芊。泉眼从绿树草荫下的石缝涌出，潺潺款款流注平阔的小沙滩。滩涂则有奇石簇拥，错落围成大小水潭——好一个天然沐浴场！

据说，这是天上"七仙姐妹"沐浴之所，每逢农历七月初七沐浴节，七仙姐妹老早就下凡来此梳洗，"七仙浴室"之誉源此而来。听村人讲美丽故事，大家都急着要去体验仙居生活。当来到此地的客人想掬起清泉洗洗脸时，当地人会提醒道："小心烫着！这泉烫鸡杀鸭还嫌热哩。"此地水温滚烫，稍近泉眼处均不能下手。

据当地人介绍，此水可沐可饮，既清喉润肺，又美体健肤。有病治病，无病防病，小饮润喉解渴，多洗有益健康。怪不得引得七仙女从天上下凡梳洗呢！正如钱念先之诗所说的，"天堂有岭色洇温，洽水谿村天地分。玉液本为河汉脂，清芬不泡世间尘。"

# "冷热蓝泉" 白竹泉

白竹村在中洲镇偏北。村子不大，百几十口人家，但挺幽静，果木葱茏，白竹绿树自然天成。水更是特别，村内有大小上升泉眼十几处，清泉、蓝泉、冷泉、热泉，汇集一垌，泡泡突突，热雾腾腾，小桥流水人家尽隐缥缈间。

村野四周环山，中间平阔，像个天然大浴盆。"盆"底田畴为泉眼汇集之所，流量最大的三处分别为：1号冷泉，2号蓝温泉，3号鸳鸯泉。三大泉眼虽仅相隔百余米，但却"井水不犯河水"。1号冒着冷泉，清凉碧透，洁净无比，村中的饮用水主要来源于此泉。2号为水色淡蓝的热泉，地面水温43℃左右。3号温泉，由一组冷泉眼和一组热泉眼集中一处组成，故被誉为"鸳鸯泉"。这鸳鸯泉挺奇特，冷泉眼和热泉眼虽来源于不同的岩缝，但中间仅一石相隔，正可谓"近在咫尺，冷热两重天"。热泉眼喷涌的是淡蓝色的高温泉，地面水温达40～50℃；冷泉眼冒出的则是洁净透明、冰凉彻骨的冷水。村人早已经认识到这鸳鸯泉的妙用：在正对泉眼的地方用石砌了一个五六米见方的"日"字形浴池。上格蓄热水，下格蓄冷泉，中间间壁1米高处以小孔相接，热泉水满则从小孔溢入冷泉池，冷热交替后就即时可沐可洗。

鸳鸯泉还有一个很有趣的现象：泉眼总不停地向上冒气泡。故又有"泡泉"之谓。在泡泉旁观察一阵子，就会发现泡泉冒气还挺有规律：当周围环境安静时，气泡冒得很有节奏，"突……突……突……"，就像一个守职的时钟在准确地为大自然报时；若稍作响动，如对着泉眼大喊、拍掌、跺脚等等，冒泡的数量和节奏就随声浪大小而变化，响声越大，冒泡就越多越快——简直是一个绝妙的天然音乐喷泉！

据专家研究，白竹冷水泉是一种优质的饮用冷矿泉，而蓝温泉则是一种药用价值很高的有色高温泉，对治疗多种皮肤病有奇效。清泉、蓝泉、冷泉、热泉，静泉、泡泉，五花八门的泉水都恩赐给白竹人了，白竹人真算得上是饮琼浆、沐玉液的"天上人家"！

温泉就隐藏在这高山云海中

走进 历史名村

走在乡间的小路上
那是一种心情
那是一种情调
就像一首
淳朴的民间小调
令你久久不能忘怀

　　每一个国家、每一个民族都有其独特的文化源流，无论怎样的风吹雨打都冲刷不了它曾有的沧桑与遗痕。古村落是寻找那历史文化原生态的最好去处，因而，田间考古是考古不可缺少的环节。

　　"走在乡间的小路上，暮归的老牛是我同伴，蓝天配朵夕阳在胸膛，缤纷的云彩是晚霞的衣裳……"哼着乡居小唱，在"世外桃源村"、"九九奇门村"等古老村落的乡间小路上行走，任思绪在晚风中飞扬，多少烦恼与惆怅，都会随晚风轻轻地飘散，遗忘在这幽雅恬静的乡间小路上。

桃源村入口

# 世外桃源村:
## 一处闲适淳美的乡野

　　在怀集县南部桥头镇的世外桃源村是一个名副其实的古村落,西晋六年（270年）开村,至今已有1700多年历史。原名黑岩村,因进村需经过一个长400多米的黝黑岩洞而得名。这里的村民世世代代通过这个有着众多地下天然雕像及福地洞天的溶洞,千百年来靠着火把穿洞过穴与外界沟通,没有其他的通道。

　　村中住有34户农户,多为梁姓与孔姓。传说他们的祖先——一位梁姓青年和一位孔姓青年结伴进入黑岩捕鱼,一路沿河追猎,愈入愈深,无意中发现黑岩另一端别有天地:一个山间小盆地,四面石峰峻秀,竹木丰茂,桃花盛开,流水潺潺。于是,他们便在此开垦荒地,植果种粮,逐渐发展为一个小山村。如今村里的梁、孔两姓人家都是当年那两位渔者的后裔,而村里仍保留着相当古老的语言文化和风俗习惯。

怀集县桥头镇世外桃源村

桃源美景

世外桃源村

# 暗恋"桃花源"

　　这里仿佛就是陶渊明笔下的"桃花源"，田庄农舍，土地平旷，四面环绕着层层叠叠的石灰岩山峰，进村仅有一天然溶洞与外界相通。洞中有一河绿水贯穿而流，长年不涸。村中有成片的桃树林，春暖花开的时节，遍地花香，四面环山，桃花夹岸。

　　乘竹筏，穿过幽暗的地下河，出了洞穴，顿时豁然开朗——良田、美池、桑竹，满目青翠，阡陌交通，一直通向鸡犬相闻的农家，那里民风淳朴，人们几乎与世隔绝，日出而作，日落而息，每天虽是地瓜玉米，清茶淡饭，却能怡然自得，延年益寿。当你漫步在田野间，冷不防会蹦出几只圆头圆脑的大肥鸡，趁你不注意时轻轻啄你一口，顽皮十足！

　　这里还有迷人的薰衣草和令你远离尘嚣的田园风光，每年6月下旬至8月上旬，山坡与平原化为紫色花海，空气中弥漫着特殊的幽香，吸引数以万计的游客慕名而来。

## 取一段"养生长寿之经"

走在村中的小路上，不时有上了年纪的老人挑着一担担青菜、或木材、或肥料擦身而过，虽已满脸沧桑，但气色红润，步履轻盈。自古以来，桃源村村民特别长寿。不管长居还是外嫁女，一般都达90岁以上高龄，而且90多岁的老人，身板硬朗，仍能操持家务。村东头建有"中国长寿王后"孔英的纪念馆，专门介绍孔英长寿的秘密。

村人都喜欢研究长寿之道，精神上尊奉南极仙翁（长寿之神），遵循"天人合一"

仙翁岩

的自然法则，讲究从起居饮食中"适四时之变，调五运之和，养六气之真"。村中有"仙翁岩"、"长寿桥"、"长寿井"、"长寿钟"、"仙翁炼丹石"、"神鹤送丹石"、"千年灵芝石"等与长寿有关的景点和传说。久居都市的人如果有空，大可来此学习这养生长寿之经。

## 艾糍节："怀集版的女娲补天"

农历二月初二是村中的"艾糍节"，那天家家户户都要采新艾炼制艾糍饼。据说，艾糍饼有驱邪却病、延年益寿的功用。民谣有云："二月二，炼艾糍，迎祖爷，却病邪。"因此，那天家家户户都采新艾炼制艾糍饼敬奉长寿之神——南极仙翁，祈祷健康长寿，无病无灾。

　　关于艾糍节的起源，还有一个"燕子衔糍补天"的神话传说。据传，燕子是九天玄女的化身。九天玄女是一个神力无边的护天女神。早春二月，岭南地区开始进入多雨时节，人们认为大雨淋漓、洪水肆虐是"天漏东南"所致。为了捍卫"天道之常"，那时燕子要"衔糍补天"，堵漏救灾。为了协助燕子补天缺，二月初二那天，人们便用番薯、糯米等制作成圆饼（即艾糍），向天空抛掷，以供奉给燕子衔以补天——这大抵是女娲补天神话的怀集版吧。

# 六月六，燕子节

　　农历六月初六，是村中的燕子节。那天村人要举行祭祀"燕神"的活动。当时华夏始祖黄帝功德圆满、归天入圣时，是"乘燕翼而迁"的，那天正是六月初六，因而"黄帝"、"燕子"、"六月六"等意象在人们的心目中连在一起形成了一种"神"的概念，"燕鸣呜而帝归"，见到燕子就如见到圣帝一般。于是，每逢六月初六，人们都要举行隆重敬祀活动，纪念圣帝。

## 桃源村的"仙羊"

　　桃源村人爱养殖石山羊，村人称之为"仙羊"。传说这仙羊是南极仙翁在此修炼时"点石成羊"的杰作。仙羊肉与其他地方的羊肉大不相同，具有不骚不韧、清脆可口、营养价值高等特点。

九九奇门村全景

# 九九奇门村：
# 一个布局奇特的古堡

　　怀集县坳仔镇的大浪村，又称"九九奇门村"。绥江河从村前环绕而过，竹林、田野、沙滩、阳光……一派山水田园风光。

　　大浪村与广宁县接壤，是怀集的南大门，二级省道"四连线"从村边通过，距县城23公里。该村创建于明末清初，已有300多年的历史。村中盛产厘竹，有丰富的自然和人文资源。2005年被授予"广东省文明村"称号。

九九奇门村郑作贤故居

# 一个奇怪的村名

    该村原叫"大阃村"（"阃"是民间对古代的一种巨型伞盖的称呼），因村居向对之山形似一把大阃，故称"大阃村"。而"阃"与"浪"同音，故常又简写为"大浪村"。"九九奇门村"是人们对大浪村的另一种称呼，因村中有典型古民居"九九奇门六德堂"而得名。

    "六德堂"为村中郑氏大宅的堂号，"九九奇门"是人们对六德堂的雅称，因设计布局上巧用"九"数而得名。大宅的创建者叫郑宏熙，据说他创建这豪宅并命名六德堂用意有三：一是一院内设六厢，分给六个儿子居

六德堂屋顶

住，希望他们和睦相处，共创和谐大家庭。二是取西周大司徒教民的"六德"（即"知仁圣义忠和"六项道德标准）为堂号，以此勉励子孙后代信守仁义道德，修身齐家。三是取"九"数布局门窗、巷道、台阶等，谐合堂号"六"之数，寓《周易》"九六冲和，阴阳相配，品类咸亨"之义。（注：易称阴爻为"六"，阳爻为"九"，极阴配极阳，生生不息。）

# 一座迷宫式的大屋

　　六德堂建于1913年，砖木山顶式结构，占地面积4000多平方米，是融合了岭南、闽南民居风格和儒学术数进行巧妙布局的典型建筑群。

　　首先，大宅的布局颇为奇特。沿中轴线中设三进大厅，后设碉楼、花园，前置小院、门楼，左右两厢各配三排厢房相拥；院内共设有大门小门99道，大窗小窗99扇，长巷短巷99曲，使正厅、厢房、回廊、天井回环相通，环环相扣；门前设有99级铺石台阶与码头相通。整座建筑宛如一个巨大的迷宫。其次，建筑装修也颇为讲究。处处雕檐画栋，连下水道放水孔的盖子也是精心雕刻的大理石工艺品。墙檐、门楣、屏风等均描画题句，如"雁答题名图"、"长楼万古图"以及"仁居"、"由义"、"安舒"、"周规"、"折矩"、"润屋润身"、"蠡衍庆千秋"等等，俨然一派书香门第气象。

## 二月初二开斋节

　　农历二月初二是九九奇门村的开斋节。这一天，家家户户最不可缺少的一道菜是水煮豆腐。正月初一至二月初一，是新年喜庆时节，饮食颇多讲究，所有菜肴都得带喜庆彩头。二月初二正式开年，男女老少都必须参加"开斋"仪式，即先食用"斋菜王"水豆腐，做完这道仪式，表示已"开斋"了，开斋以后就无须遵守新春的禁忌了。

## 三月初一雷神祭

　　农历三月初一是村里的祀雷节。村中除举行敬祀活动外，还有很多约定俗成的禁忌。如人们不能到野外劳作。据说如果那时带工具到田野劳作，会得罪"雷神"，得罪了"雷神"，这一年的农作物就会被雷电烧干，以致颗粒无收。又如，人们还认为，三月初一那天不能洗头、洗衣服。如果万不得已要洗头、洗衣服，必须把用过的废水用盆子储蓄起来，以免流到野外亵渎"神灵"。

## 四月初八祀竹神

　　种植、加工、销售厘竹是九九奇门村村民的主要经济活动，因此当地人把厘竹作为一个"保护神"来看待，假想了一个"竹神"加以崇拜。而四月是厘竹繁殖新竹的旺季，故人们选择四月初八祀竹神，祈祷竹神保佑新的一年五谷丰登。

# 何屋村：荷花飘香的古村落

　　在怀集县西部平原，有一个被授予"广东古村落村"的小村庄，叫"何屋村"。何屋村始建于清代初年，有300多年历史。何屋人崇文尚武，素有"书香门第"、"文武世家"之称。"村墟大铺头，何屋大门楼。"这是人们赞誉何屋村村居豪华的民谣。村中现有保存完好的百年古屋8座，集中分布在村寨中部，其间错落点缀着7口荷塘，绿荷妖娆，景色宜人。

## "荷花井"的传说

　　何屋村的得名，并不单单是因为村中居住的是纯一色的何姓村民，同时还与一个美丽的传说有关。村中有一口建村之初开凿的古井，人称"荷花

井"。荷花井很特别，井虽建在池塘边，但水量、水质却不受水池影响，不管池水是干是溢，井水总比池水高出一二尺。而且该井水量很丰富，即使大旱之年仍足够供全村人用水。

　　传说，何屋村的祖先何魁文，连日赶路，饥渴交加，便在一大树下歇息。魁文公席地而坐，一闭眼就睡着了。他在朦朦胧胧中，看到了一幅景象：村屋一座连一座，庄稼茂盛，生机勃勃，一片繁荣。魁文公惊喜万分，便在这个繁华之地落叶生根。但好景不长，一天，天色忽然暗淡无光，黑云从天而降，转眼变成一头猛兽，吞食了房屋、庄稼。正当魁文公痛哭不已时，一荷花仙子踏着莲座飘然而至。只见她把手中的荷花摇动几下，洒下一注圣水。圣水落地，顿时涌出一股清泉，被破坏的农田又恢复了往日的风光。临走前她从莲座上丢下一粒莲子，瞬间莲满荷塘，荷香四溢。魁文公喜极而泣，连忙下跪拜谢。"啪"的一声，头撞在地上，魁文公在梦中惊醒，发觉身边仍为不毛之地，不觉唏嘘。正在回味间，忽然听到身边汩汩的水

声。"好清澈的泉水！"魁文公看到额头撞地处开了一个小洞，一股清泉在地上冒了出来，他连忙从包袱中掏瓶子装水，但掏来掏去，也没有看到自己一路上用来盛水的瓶子。他四处张望，看到附近有一小片荷花地，荷叶硕大，魁文公心中一喜，折一片荷叶盛水解渴，清甜无比。魁文公心想：要是在这里生根，必要开凿此井，福荫后人。于是在清泉溢出的地方做了记号。后魁文公就在附近发展家业，他铭记清泉所在，开泉凿井，并于井边开荒植荷，以报一瓢荷叶盛水之情。古井300多年来从未干涸，清泉如甘，孕育了一代又一代何屋人。饮水思源，新过门的媳妇必择吉日、穿新衣，挑水回夫家，以求福临、安康。

## 文武世家

　　每逢春节等大型节日，何屋人都会开展醒狮、武术表演，热闹非凡。早在1825年，何屋村便设有武馆。农闲时间，人们总聚集武术馆习武练艺，壮身健体。然而，解放后，何屋村的醒狮武术活动曾一度衰落。为秉承何屋人能文善武的传统，近年来，何屋人在隆庆堂附近兴建了文化馆，重建醒狮武术队，吸引村中的青少年开展健康有益的文体活动。

　　自建村至清末止，该村获得庠生、贡生、国子监、登仕郎等学号的有49人。何屋人尊师重教之风的首倡者叫何裕友。何裕友是清初的登仕郎。他首

何屋村的墙楣画

先倡议在村中创建义塾，并捐出一万谷租，作为义塾学租，供村中子弟读书。老人何楚年说，他们年轻时一入学读书，每人就可得到两百斤谷的学租，如果学习成绩优异，还给予更多的奖励。民国时期，这一只有500多人的何屋村受高等教育的就有4人，中等教育的20多人。解放后，从村子里走出去的"才子"更是不胜枚举。如鞍钢高工、机电总工程师何松兴，重庆大学教授何少兴，原广东省石油化工厅副厅长何克演等等。据不完全统计，1950年至今，何屋村先后有100多人考入大专院校。

何屋村保留的雕梁画栋
何屋村丹霞居保留下来的"寿"字

# 文武秀才何迪然

　　清朝武秀才何迪然是何屋村文武世家的代表性人物，他既是一个武秀才，也是一个文"拔元"。据说，政府授其"拔元"学位，缘于其书法精工。一次，县城孔圣庙有一个栅星门需要题字，县政府以此为题举行选拔书法圣手擂台赛。不少文人墨客踊跃参加，均未令官员士绅们满意。轮到何迪然上场，他从容挥笔，一写中的，从而名声鹊起。后被授怀信三县县令，并赠"文武世家"牌匾。现其故居燕南居仍留有其亲笔题写的楹联："庭中四季三枝秀，街下十兰一色香。"

# 有趣的民情风俗

　　"正月耍石洞，二月浸谷种，三月坟头涌，四月杨梅熟，五月黄芒粽，六月人欠送，七月鸭子勇，八月芋头松，九月霜降风，十月接太公，十一月冬，十二月年。"这是何屋村流传的四季节序农谚。

　　**正月耍石洞**　正月是农闲时节，大家都集中到"花石洞天"（何屋村附近的景区）舞狮子、看大戏、表演武术等耍乐活动。

　　**六月人欠送**　六月是双夏季节，这期间人们要举行敬祀田神活动，以庆祝丰收和祈祷好收成。

　　**十月接太公**　是村人祭祀先人的隆重节日。传说，农历十月初十那天，太公（祖先）会降临人间，因此人们要举行敬祀活动，即所谓"接太公"。十月初九晚活动已经拉开了序幕，家家户户男女老少都动手制作祭品。最特别的祭品就是用糯米制作的白糍（白色的糯米饼）。白糍的制作过程很有趣，首先把煮好的糯米放入大石盆里，然后由年轻力壮的小伙子抡起特制的木棍舂米，接着把舂糊的饭团揪起，女人们接过饭团，混入事先准备好的花生芝麻末等，再经一番精心制作，秀色可餐的白糍饼就问世了。白糍可以即时食用，但人们并不即时就食，因为第二天早晨得用以"接太公"和赠送亲朋戚友。

武威堂

# 扶溪村：一个军营式的村庄

　　最早在扶溪村一带居住的是古百越族的一支，"扶溪"一名就是古百越人的村名。后随着中原人南迁，百越族人逐渐迁往他乡，但扶溪村名却一直被沿用到现在。现居住在扶溪村的石姓人家是明代以后迁入的"新"居民。石氏先祖原居甘肃武威郡，后随军迁福建定居，明洪武末年（1391～1398年），由福建汀州迁居至此。石氏族人为纪念发源地，所迁之处均以"武威堂"为堂号。因而居扶溪村后建祖屋亦然，而且都以"武威绵世泽，万石振家声"古楹联为正堂堂联。2009年，扶溪村被授予"广东历史文化名村"称号。

武威堂古建筑

武威堂厅堂

# 粤西北地区现存的最大古庄园

扶溪村的古屋武威堂是明清时期的"兵营式"大型民居群，始建于明崇祯年间（1628～1644年），占地6000多平方米。

武威堂整体呈正方形布局。主体建筑由五间堂屋构成，中轴线正对白鹤山与皇帝岭两山峰连线，主堂屋沿中轴线而建，两旁分别为四间次堂屋，左右两边分别由八套厢房相辅。整体呈"官"字形，每进堂呈"主"字形，厢房为"兵营式"建筑，门楼则为官印造型，充分体现出"文武风威"格调。室内室外，画栋雕梁，设计精美。堂与堂、堂与厢房之间以门相通，以巷相连，巷里有巷，屋内有屋，环环相扣，规模宏伟。

肇庆教育学院副教授陈大同说，扶溪村武威堂是粤西北地区最大的明代古庄园。整体建筑呈"三格四形"特点。"三格"：一曰风水格。坐西南向东北，背靠黄帝岭、白鹤山，面临大水塘，构成天地人和合之风水格。二曰仕官格。整体布局由建筑部分与前面的大水塘组成"官"字形；每间堂屋呈"主"字构造；前门楼造型为"官印"，主堂屋天井为"印台"，后楼造型为"官帽"。三曰文武格。以前楼和西北角碉楼为文笔，以主堂后天井为砚台，以水塘为墨池，取蘸墨挥毫之意；堂屋前面有防护围墙，布满枪眼洞，厢房为"兵营式"，并设有值守前楼，突显"文武风威"。"四形"：堂中堂、巷中巷、门中门、屋中屋，环环相扣，处处相通，成为堂屋构造的奇观。

# 扶溪村的五个门楼

武威堂门楼

武威堂古巷幽深

武威堂"进士"牌匾

　　扶溪村的外围是由围墙、炮楼、门楼紧密相连而成的，这种坚不可摧、牢不可破的建筑结构，其目的不言而喻就是为了保护扶溪村的村民免受山贼、野兽的侵犯。从这种匠心独酿的建筑构造我们可以深切地感受到古人的非凡智慧。

　　其五个门楼分别为东、西、南、北门与前门。其中，西、南、北三个门楼大约十几米高，而东门相对略为矮小，七八米高。门楼与围墙相连，布满炮口，可以清楚察看到村外情况。在兵荒马乱的年代，这些门楼、炮楼、围墙等有效地保护了村中的安全。据说，当年曾有一群由山贼头梁凤壁带领的山贼入侵大岗镇，周围的村落因为没有任何的防御建筑或者防御不够坚固，都受到了严重的破坏，被他们洗劫一空，而扶溪村因为有着门楼、炮楼、围墙等的保护，加之扶溪村的村民团结一致保卫家园，男女老少一起抵御山贼的侵犯，所以山贼攻打了三天三夜也攻打不下扶溪村。

碉楼上俯瞰的扶溪村

# 古百越人留下的文化足迹

　　扶溪村最早的居民是古百越族的一支，尽管现在居住的都是几百年前迁入的中原人，但由于受源远流长的地域文化影响，民俗文化中仍保留着不少古百越族的文化遗存。其中最典型的有如下几个方面：一是标话文化。扶溪村人族中使用的是俗称"大岗标"的独特语言。"大岗标"，即大岗标话。据有关专家考证，大岗标话就是原为古百越族某一支系所使用的、在"大岗"这一特定区域和特定族群中流传下来的一个古语种。二是图腾文化。伴随着大岗标话的流传，一些古百越族的民俗文化也自然而然地流传了下来。如蛙图腾、盘古崇拜等等。扶溪村的先人认为蛙是人类的祖先神，是庇佑人类繁衍生息的灵物，因此他们在建祖堂时门前专门设了一口池塘供青蛙繁衍生息，村人称这口池塘为"蛤蟆塘"（"蛤蟆"为青蛙的俗称）。盘古也是古百越族的图腾之一，扶溪人也很崇拜盘古，村后白鹤岭上的"盘古庙"是一个非常古老的神庙。

## 正月初一"开年"

　　过新年的时候,其他地方一般都是在正月初二开年,而扶溪村却是在正月初一就开年了。正月初一早上10点钟,全村老老小小都到主堂拜祀祖先,各家各户都会挑选新鲜而珍贵的贡品到主堂供奉。届时,村里一位年纪最大、资历最广的老人,代表全村的村民在主堂的神台前跪拜,以祈求新的一年风调雨顺、五谷丰登、六畜兴旺、添丁添财。然后,各个村民按辈分分别上香叩拜,在主堂拜祀完毕,便在主堂前点燃各自带来的炮竹,再分别到各自所属的东西次堂拜祀。

## 三月初三"祈丰收"

　　农历三月初三那天,也就是在农耕播种的前夕,扶溪村的村民们会举行一次隆重的拜祭活动,他们都会带上鱼、豆腐、糯米饭等祭品,到武威堂拜祭祖先,以祈求在稻谷播种以后,能够风调雨顺,吉利丰收。

　　但是村中也有一部分村民是不参加三月初三拜祭的(用当地的说法就是"不吃三月三"),他们便是上珩公的后代。相传"三月三"这个节日是只有参加农耕的人才能过的,如果不参加农耕的人过了这个节日,吃了"三月三"的饭宴,便会皮肤发痒溃烂。所以当年上珩公考取了贡生,封了官职脱离耕种后,他们便不吃"三月三"了,久而久之,上珩公的后人也继承了不吃"三月三"的习俗,以显示他们是达官贵人的后代,与普通的百姓有着本质上的区别。

**主堂通往次堂的侧门有罕见的"高门槛"**

### 五月初一"端午祭"

据中国传统习俗，中国绝大部分地方都在农历五月初五吃粽子过端午节，以纪念屈原。但在扶溪村附近一带却在农历五月初一这一天过端午节。相传，五月初一那天，村中有一位村民去磨坊磨米，磨完米回家，经过河边时不小心将一袋磨好的米掉进了河里，他把米捞起来，心想糯米已经浸湿了，不能等到五月初五包粽子了，倒不如就今天包粽子过端午节吧。从此，扶溪村五月初一过端午节的习俗一直保留至今。

### 七月十三"拜道君"

相传，扶溪村有一个妇女怀孕八十二载，在当地传为神奇，在七月十三生下一个白发苍苍的老翁，当地的村民皆以为他是道君。从此，七月十三拜道君的习俗一直沿袭至今。

### 十月初十"太公节"

每年农历十月初十是扶溪村的丰收节，又称"太公节"。这一天村民举行盛大的庆典活动，以庆祝一年的丰收。

# 孔洞村：
# 大山深处的"文武世家"

　　在怀集东部凤岗镇的崇山峻岭中，有一个以"文武世家"之称而闻名的小山村——孔洞村。全村由两个小盆地构成，一山隔开，一溪相连，分成上寨、下寨。孔洞村是一个集人文景观和自然景观于一体的特色古村落。在自然景观中，山、水、林、石有机地结合在一起，有奇山异石、奇花异果。人文景观有国选堂、裕后楼、成氏宗祠、观音阁、孔乡书院等，还有文武举人的牌匾和习武使用的石墩、石屐、石挑担、石磨以及清朝皇帝诏书石刻等历史文物。其中孔乡书院是现存的绝无仅有的村级清朝书院，裕后楼是集宗堂、民居、碉楼于一体的风格独特的脚楼。村中保存的清代碑刻、匾额也有一定的历史价值。其中刻有清仁宗皇帝于嘉庆八年（1803年）十二月十四日敕封村中举人成曰阳为"武略骑尉"的诏书碑刻，以及当时提出"建设小康之家"、"村民自治"、"收支公开"等内容的成公祠碑刻尤为珍贵。

**孔洞村的碉楼**

孔洞村古屋

孔洞村的孔乡书院

孔洞村古书院的门楣石刻

# 孔洞不姓"孔"

　　孔洞并不姓孔，为何又称"孔洞村"呢？这得从成氏村人的历史说起。

　　500多年前，孔洞成氏祖先曾任明代朝廷命官，后被贬入粤，历经数代，五度迁徙，直到明宣德年间（1426～1435年）才正式定居孔洞村。那时，孔洞住有陈、黄、钱、何等几姓人家。成氏有个叫成勤珠的男子与钱氏一女子结为夫妻，生有数子，其中有一子叫成德惠，深受外祖父钱维才一家的喜爱，并常居住在外祖父家中和他们一起生活。明天启年间（1621～1627年），钱氏举族南迁到现怀集县甘洒镇的钱村。搬迁前，外祖父钱维才将房屋、田地、山林尽送给成德惠。从此，成德惠苦心经营外祖父的产业，又在山权内的上、下马磅山开采金矿，发财致富，一家过上堪称"小康"的生活。

　　富裕起来的成氏家族饮水不忘挖井人，是外祖父的仁义才有今天成氏家族的兴隆，觉得倡儒尊孔、恪守仁义道德才有明天的辉煌，便把原称"黄石坑尾"的村名改为"孔洞村"，并大兴土木创建了孔乡书院，供村中的孩子入学读书。"孔洞"村名就这样一直沿用了下来。

孔洞村的牌匾

## 奉天敕命的成曰阳

　　300多年来，孔洞出了不少举人、庠生、秀才、贡生、监生和登仕郎等。其中，武举人成曰阳是最有传奇色彩的人物。成曰阳于清乾隆五十三年（1788年）中武举后，组织村民练武，以保护地方平安。因保一方平安有功曾被清朝廷授千总武略骑尉，赐"奉天敕命"金条封赏，敕封圣旨今仍刻在他的墓碑上。

　　成曰阳，排行第四，人们尊他为"四公"。他一生嗜好练武，留下不少练武的遗物、遗迹以及故事。遗迹有跑马场，遗物有石墩、石鞋、大关刀等。他的大关刀重达120斤，耍弄起来如风驰电掣练举重的石墩，更是重达二三百斤，他居然也能"随身携带"。有一次，他到距孔洞二三公里远的黄石村看大戏，人们见四公到来便热情地为他置座斟茶。"四公，请坐！"他长袍一甩，露出一个石墩，说："不用了，我已自带凳子。"原来，他是穿着石鞋，提着石墩来看戏的。人们纷纷围上去观看他，掂量他的石墩，足有三百斤重，皆佩服不已。人们仿佛不是来看戏，而是来看这位武林英雄的。

　　随着这则四公轶事的广为流传，"四公看戏——自带椅子"也成了孔洞村流行的歇后语。

奉天敕命

天承运

皇帝制曰国威戎卒布尚勤击鼓之恩
武备勤修克重于诚之选尔候选营
千恳成曰阳村勇著闻韬铃娴习戎
行振饬具知士伍无哗军政修明因
见拊循有素欣逢庆典宜焕温伦兹
以尔遵例急公授尔为武略骑尉锡
之敕命於戏策幕府之勋
名祇承休命若荷天家之光宠勿替成劳

敕命

嘉庆八年十二月十四日
之宝

孔洞皇帝诏书碑刻字样仿制图

## 石磨识途

　　孔洞村保存着一副古老石磨，它向世人讲述的是成曰阳"石磨识途"的故事。

　　清朝时候，孔洞拥有茫茫的山场，长着巍巍的松木、杉木。每年砍伐不少的松杉，扎成木排，经凤岗河入绥江，运到珠三角一带出售，销售木材成为孔洞人的主要经济来源。有一年，成曰阳押着一批木材到广州出售后，投宿在一家客栈里，闷着无事，便外出闲逛，不知不觉走出很远，等到想回去的时候才发现自己迷了路。眼看夕阳西下，万家灯火次第亮起，他左顾右盼发现有几个神色可疑的人紧跟自己，怎么办？打吧，即使自己一身武艺，终究寡不敌众，尤其自己人生地不熟，还是少惹事为佳。正在为难的时候，他眼睛一亮，径自向一家石磨店走去，取出银子

买下一副石磨，吩咐老板叫伙计马上送到某某客栈。刚才想打他主意的人看他只身进去，跟着出来一群人，摸不清底细，只好作罢。他们哪里知道成日阳是"狐假虎威"呢！最后，成日阳跟着新买的石磨，大摇大摆地回到了客栈。"石磨识途"成为村中世代相传的佳话。这副传奇的石磨，现在还摆放在裕后楼门前的一侧，向世人展示着他的主人的聪明才智。

## 石矶番薯

石矶坑的泥质是紫色土，此地种植的番薯即使同薯种，长出的番薯也与别地不一样，皮薄，肉像鸡蛋，又像蜜柚一样一梳一梳的，味道也与众不同。新出的甘薯松、酥、香。挖回来久置后的番薯煮熟后手感硬，好像没有熟，掀去皮后，一梳一梳的，像蜜一样甜，而且煮的时间越长越甜。堪为一绝。

当地人喜欢烤番薯。挖一个土坑，找来柴草在土坑里烧，让土坑里有热乎乎的炭和灰。接着将石矶番薯埋在热腾腾的灰炭里，再在上边添柴加火，过一段时间取出。这样烤出来的番薯更加松、酥、甜，香喷喷的，是一种绝好的农家美食。

**孔洞石矶番薯是当地有名的特产**

## "豆腐酿里运数齐"

"初一斋,初二鸡,初三芋头,初四豆腐酿里运数齐。"孔洞村流传的这首民谣,概括地反映了孔洞民间的春节习俗。

"初一斋"是说正月初一那天,人们不吃肉类,只吃冬菇、木耳、莲藕、白菜、粉丝等斋菜。到了初二就破戒了,家家户户杀鸡吃肉,让干涩的嘴巴揩满了油。到了正月初三,就煮芋头吃,取"庇护、福荫"的好意头。这"初一斋,初二鸡,初三芋头"的说法,各地都很普遍,唯有"初四豆腐酿里运数齐"大概是孔洞村的"专利"了。

"运数齐"是"荤素齐"的谐音。"豆腐酿里运数齐"的制作方法很简单:将配好佐料的鱼、猪肉浆酿进白豆腐心里,烹调随各人爱好,煎、蒸、炆均可。每逢这天,各家各户都忙着磨豆腐,制作豆腐酿。

"豆腐酿里运数齐"的饮食风俗颇有来历。传说孔洞的先辈们都是做生意的。一到正月初四,男人就集中起来开股东大会,有得吃有得饮,家里只剩下妇女和老少,男人们觉得亏待了他们,反正新年也闲着无事,就安排家人做豆腐酿吃。这样,股东会年年开,豆腐酿也就年年做。后来,股东会消失了,但正月初四吃豆腐酿的习俗却保留了下来。

# 仰望 这片星空

仰望星空
寻找这片星光
六祖惠能
在此开启禅宗之门
这里星光熠熠
令人着迷

　　怀天地灵秀，集千古人文，仰望怀岭这片天空，学术之光熠熠耀眼。早在唐代，禅宗六祖惠能大师在这里隐居修禅，开启了岭南禅宗的哲学之光；宋代，著名诗人葛长庚畅游燕岩，咏燕题诗，率先掀开了这方水土云缭雾绕的诗情画意；宋代，林绚、林绎兄弟首开科第之风，先后涌现了5名进士、几百名文武举人；洋博士莫古里师徒俩，持续半个世纪的"怀集情结"，成就了一项具有世界性意义的科研成果；"中国长寿王后"孔英，恬淡地呼吸着这片山水的灵光精气，以124载亲感身受的生命体验，为生命科学研究提供了一个典型的实验案例……

## 六祖惠能的上爱岭禅缘

　　在怀集冷坑镇上爱岭，有一个被称为"六祖岩"的岩洞，这个岩洞，记录着禅宗六祖惠能与怀集的一段具有传奇色彩的禅缘。如今，远远近近的村民都经常来这里纪念六祖。

六祖岩

六祖像

# 隐遁六祖岩，顿悟南禅法门

六祖惠能，俗姓卢，生于南海新兴（今广东省新兴县）。23岁那年，因卖柴时听到客商读诵《金刚经》而开发宿世慧根，到湖北黄梅县东山禅寺学佛，8个月后得到五祖弘忍禅师传授衣钵。为避免门下弟子同室操戈，弘忍仓促传法后便秘密地把惠能遣走了。惠能按照五祖"逢怀则止，遇会则藏"的嘱咐，在怀集、四会这一片神圣的土地上隐居15年。在这15年里，惠能净心修禅，形成了完整的南禅弘法体系。上爱岭六祖岩就是当年惠能韬光养晦期间的主要潜身地点之一，因而由唐至今信客络绎，禅烟缭绕。怀集县志办编辑出版的《怀岭禅风》共收集了历代咏六祖遗迹的诗词歌赋100多首。其中，清代东莞举人蒋航游六祖岩时，即兴作题壁诗曰："峭壁悬崖扣上宫，慈悲救世释儒同。如何十载修真地，一任嚣尘历劫红。""石室孤栖风雨摧，蒲团正果望胚胎。逢怀则止传薪语，几劈榛芜为法来。"蒋航的诗至今仍刻在六祖岩的石壁上。

# 行走怀岭，禅播一方

在怀集，留有很多六祖的遗迹和有关的民间传说。早在唐代，在梁村镇"花石洞天"一带已建有专门纪念惠能的六祖亭，此外还有六祖禅院、六祖禅室、华光寺、六祖井、六祖泉、佛岭岗等。在怀集民间传说中，惠能更成了法力无边的"神"。冷坑六祖禅院编辑出版的《六祖在怀集》共收集了50多则有关惠能的民间故事，其中不少是充满神话色彩的传奇。不只民间传说是这样，明朝著名作家徐道在《神仙全传》中也把惠能喻作上天下凡的神仙，"能跪受，师密传衣钵，令隐于怀，嘱曰：'汝缘在南，宜往教授，持此袈裟以为法信。'命速去。中途徒众持刀杖急追，能以钵覆石上，众争取不动，挥石乱磕不已，良久散去。能潜奔至怀州上爱岭石室中栖迟。"

当年惠能隐居猎户时，不敢食荤，只在锅边煮点素菜充饥。惠能制作的这一菜式，在怀集民间也流传了下来，至今仍是怀集人的餐桌名菜"锅边菜"。

# 葛长庚的燕岩诗情

燕岩洞天，千古闻名，自古就是文人墨客向往的地方，千百年来留下300多首诗词歌赋。其中，最早为燕岩题诗的是南宋著名道士、画家、诗人葛长庚。据有关史料记载，葛长庚对怀集燕岩别有情愫，曾两次到燕岩游览，每次都题诗留念。

葛长庚画像

## 初游燕岩，首开咏燕之风

约于1201年，葛长庚"溯西江是端州，入封阳，过怀阳"，无意中发现了这一神奇的岩洞。夜宿燕岩，诗兴大发，写下了今存最早的描写燕岩的诗篇《燕岩游罢与岩主话别》：

西风吹作此岩游，满目松筠翠欲流。

玉燕不飞明月夜，石钟一振晓霜秋。

万燕朝阳

惜乎分手便南北，忽尔回头欲去留。

且去人间办丹料，却来山顶结茆休。

诗人通过细微观察，写下了"玉燕不飞明月夜"之句，这是对燕子生活习性的真实写照，尽管夜里月色光如白昼，金丝燕是不会飞翔去寻捕食物的。诗人对燕子冠之以"玉"的称誉，也可以说，这不是寻常之燕，是十分珍贵、稀有的金丝燕。诗人还对燕岩十分钟爱，"忽尔回头欲去留"。因此，相隔不久，又再次游燕岩，并作短暂逗留。

# 再游燕岩，我欲诛茅此炼丹

燕岩一别，情结难了。几年后，葛长庚再游燕岩，依然诗兴勃发，以"乐府"体裁，写下长篇叙事诗，题为《燕岩行》，这诗收入《八斗诗词大库》，其题咏曰：

有客来从天竺峰，渡溪恰趁一篙风。

秋风着力送行李，吹入燕岩松竹里。

松竹凄凄天作秋，空来空去空中浮。

高岩万丈耸空碧，仙翁骑鹤去无迹。

丹炉不火草芊芊，数间岩屋掩寒烟。

下有龙潭绿无底，瀑布悬岩千尺水。

夜来月影满空山，石钟一响生秋寒。

玉燕何年岩下舞，飞时化作满天雨。

尽言此岩多仙灵，白鹤点破一山青。

烟雾罩山石常润，莓苔满地翠无尽。

我欲诛茅此炼丹，夺取人间千岁闲。

有个高人陆岩主，抱琴对我弹中吕。

劝我他年归去来，此岩莫被烟云埋。

当年诗人寄语"此岩莫被烟云埋"，现在燕岩已成为省级风景名胜区和金丝燕珍稀鸟类保护区，今日的燕岩，燕子欢飞，呢喃燕语令人欢畅，心旷神怡。

# 莫古里师徒的茶秆竹情结

1974年8月25日，怀集县对外贸易局接到广东省土产进出口公司紧急电话通知，要求怀集县外贸局局长叶国文带一位熟悉茶秆竹情况的同志，到广东省外贸局向一位美国客人介绍茶秆竹的种植、生产、购销、加工等情况，并要求材料尽可能详细、全面。末了还补充一句："这是一项政治任务，千万马虎不得！"

28日早晨，大雨瓢泼。叶国文和办公室的蔡仕照两人，冒雨赶往广州参加一个特别座谈会。当他们赶到东方宾馆会客厅时，北京国际旅行社的沈叔钰、广州国际旅行社二科的钟德珠、张宗道、岑运骥、黄弼成，广东省农林学院教授徐燕千、讲师徐洪华等已等候多时了。

*Master of Bamboo*
One of the greatest of the classic split-bamboo rod makers, James Payne learned his trade from his father, Edward F. Payne, who had worked with Hiram Leonard. Jim's brown-tone rods are noted for their superb action and exquisite finish. Photographed by the author at the Payne workshop in Highland Mills, New York, in the 1950s.

**马登在研究厘竹**

## 东方宾馆的特别座谈会

原来，美国竹子研究专家卢斯·马登，在华访问期间要专程到怀集考察茶秆竹，但广东省有关方面觉得怀集尚未对外开放，暂不适宜让马登实地考察。于是，便通过安排座谈会的方式来满足马登的要求。

不料，座谈会一开始就陷入了僵局。当翻译介绍怀集两位来客时，马登已预感到他的"怀集之行"要"流产"了。他引用中国的典籍据理力争："中国有一句古训叫'百闻不如一见'，毛泽东主席也说'要实践'嘛，到实地去看一看就好。否则无法向老朋友莫古里交代。"为了缓和气氛，陪同人员对马登说："这个……我们再与有关方面交涉，尽量满足先生的要求吧。"听到此话，马登的脸色才和悦了许多。

座谈会结束时，已是下午5点多了。这时，张宗道告诉大家一个刚收到的喜讯："省委已批准马登夫妇于30日到怀集考察。"听到消息后，马登高兴得跳了起来，并当即要求饮酒庆贺。他兴奋地说："盼望了25年的夙愿终于实现了。这次出访是最圆满的一次！"

## 遵师嘱专程到怀集考察

据沈叔钰介绍：美国竹子研究专家卢斯·马登（Luis Marden），现年61岁，是国际地理学家、美国哈佛大学教授、美国地理学会外事主编。他偕同夫人于8月11日至31日期间访问我国。马登同中国非常友好，他这次来访给我国赠送了一批很有价值的地理资料和科研仪器，还专门带来一支由美国敖维时公司用中国怀集茶秆竹做成的钓鱼竿赠给毛主席。他到北京后，由周总理亲自接见并受毛主席委托代其接受了这支钓鱼竿。

马登这次访华，由中国国际旅游业管理总局本着"政治挂帅，既友好，又保密"的原则负责安排接待。马登一行，先到广州，再上北京。他一踏入

马登拍摄的厘江风光

马登《茶秆竹》中的怀集方位图

广州便向接待部门提出了要考察怀集茶秆竹的请求。到北京后，又再次向管理总局提请。有关部门的答复是："先了解怀集的交通情况再确定。"马登怕达不到目的，专程从北京打电话向我国驻美国联络处的黄镇主任提出请求。黄镇主任对马登访华非常重视，曾亲自设宴饯行，并指示我国有关部门要热情接待。当他接到马登的电话后，又再次打电话给北京接待部门，提议："尽量满足马登本人的要求。"

# 1925年的一段古

　　在座谈会上，马登还讲述了他的老师莫古里先生到怀集考察茶秆竹的故事："25年前，我的老朋友莫古里先生（Moglure）曾在广州的岭南大学任教。十几年来，他一直与岭南大学的冯清教授一起研究竹子，他俩的研究成果颇丰，有三分之一的中国竹子是他们命名的。中美关系中断后，莫古里回到了美国。他最遗憾的，就是有三分之一的中国竹子还来不及研究。他总希望能再有机会回到中国，完成他未竟的事业。不幸的是，就在中美关系将要解冻的时候，莫古里先生于1971年辞世了。他去世前叮嘱我一定要完成他尚未完成的竹子研究工作。其中，茶秆竹研究就是他尚未完成的工作之一。我这次来中国就是带着他的遗愿而来的。"原来，在1925年，莫古里先生曾经与冯清教授结伴到怀集大同村住了两周时间，考察茶秆竹的生长情况，其中茶秆竹的学名就是莫古里命名的。

　　据马登介绍，那时，莫古里是带着美国农业部交给的任务专程来怀集考察的。第一次世界大战结束到第二次世界大战前，美国一直用中国的茶秆竹做钓鱼竿。当时在美国和英国，人们除了称茶秆竹为"竹王"之外，还有一个很通俗的叫法，叫"东京竹"。因为当时人们不了解它的原产地，只知道它是从东京湾运来的。为了弄清这个问题，美国农业部下令各地驻外机构广为调查茶秆竹的来源。当发现茶秆竹产自中国时，美国农业部又通知当时在岭南大学任教的植物学家莫古里尽快搜集茶秆竹资料，详细向农业部报告。于是，莫古里就住进了怀集大同村，进行详尽考察。

# 洋博士绥江圆梦

　　8月30日傍晚，马登夫妇在沈叔钰、张宗道等陪同下准时到达怀集。马登一进入怀集境内，便忘却了旅途的困顿，途中多次下车拍摄竹乡风光。尤其是经过坳仔时，他高兴得活像一个天真的孩子，目不转睛地盯着车窗外，一时是抢拍竹林镜头，一时又举手顿足赞叹："真是天公作美啊！"

　　31日上午，雨过天晴，考察活动按计划进行。一路上，马登不错过任何搜集茶秆竹有关资料的机会。当船驶近仙溪坑口时，有农民正在山上砍竹子。马登见了便要求上岸考察砍竹现场。这时，有一竹排正驶近船边，他又要求上竹排走走。在竹排上，他除了给放排工拍照外，还热情询问扎排、放排的有关事宜。船过大同村时，随行人员指着岸边的小村庄告诉马登，这就是莫古里教授住过的村庄。马登很高兴，要马上登岸去看莫古里住过的屋子。但附近没有码头，不能泊船，他赶忙用长焦镜头对着那房子拍个不停。最后一站是坳仔公社厘竹加工站。马登细致地参观了厘竹加工的每个工序，并在沙、洗、晒、包装、仓储、运输等各个工序现场请人为他拍照留念。

　　下午1时许，考察活动圆满结束了。随行人员都到坳仔公社用午餐，而马登说不习惯吃米饭，只与夫人留在车里吃了点早上准备好的糕点。临别时，他一再感谢怀集县政府对他的盛情款待，并打着手势表示这次怀集之行十分满意。一年后，怀集县人民政府收到马登的一封亲笔感谢信和他的一本新著《茶秆竹》，同时寄来的还有一批他在怀集拍摄的彩色照片。

　　一位科学家说过："科学是无国界的。"莫古里师徒的这段茶秆竹情缘，奉献给世人的不仅是科研成果，也是一笔宝贵的精神财富！

# 孔英老人124岁的长寿之道

　　曾被誉为"世界上最老女寿星"的卡尔芒是法国人，她生于1875年，逝于1997年，享年122岁。可怀集的孔英，在世时间比卡尔芒还要长。

## 被授予"中国长寿王后"称号

　　莲池村是怀城镇苍龙村委会的一个小山村，村前有小溪环绕，村后的小山丘绿竹妖娆，四周田畴层叠。村口有一棵百年老榕树，像一个苍朴的老人，正向人们述说这小山村美丽的传说。村东头向阳的一个小院子就是孔英的故居，原来是传统的小四合院，现在已改建成小洋房。孔英生于1871年农历十一月十八日，乳名叫迎禧。她的娘家在县城，共有9姐妹，她是老大。小时候，她的家境比较贫穷，全家十几口人，主要依靠父亲摆摊档维持生

124岁的孔英

计。15岁那年，孔英嫁到莲池村梁家当媳妇，一生从事农业劳动，年轻时还经常给村中的富户打短工。她生有三男一女，其在世孙辈、曾孙辈共有30多人，四世同堂。1993年10月，全国老龄委举办首次"中国百岁寿星排座次"命名大会，孔英是当时全国年纪最大的女寿星，被授予"中国长寿王后"称号。同时，当时全国年纪最大的男寿星龚来发（贵州人）被授予"中国长寿之王"称号。1993年10月22日，《人民日报》专题报道这次寿星排座次活动，孔英和龚来发的照片被刊登在《人民日报》头版显眼的位置。

# 长寿秘诀备受关注

据《健康报》报道：孔英122岁时虽然满头银发，但却脸色红润，精神矍铄，身板硬朗，手脚灵活，步履稳健，谈吐自然，眼力尚好，还能穿针引线，并能上山采摘松枝，还经常帮助操持一些家务。想象得出，她是位勤劳可亲的长者。她从小喜爱劳动。年轻时因家境贫穷，杂粮充饥，帮人打工，上山砍柴、采竹笋、捡粪，现在虽年事已高，却时常瞒着家人到一两公里远的屋后山上摘岗松枝，扎成扫把，挑去县城卖，每次挑担30公斤左右，从不乘车，长期坚持步行。她从不择食，饭、粥、杂粮都吃，青菜、肉类都喜欢，尤其喜食猪肉和糯米酿造的甜酒，胃口甚好。100多岁高龄时，仍坚持有规律地日食三餐，每餐能吃3两饭，口味偏向清淡。她从不抽烟，也不饮酒不喝茶，但喜欢喝饭汤。作息很有规律，晚上八九点钟睡觉，早上六七点钟起床，晚上还看一会儿电视。她性情开朗、乐观，平易近人，极少与人争吵。这就是她长寿的秘诀。

1994年7月16日的一则电讯告知世人：孔英因重感冒引起肺气肿病逝，终年124岁。

孔英，是生长在旧社会的普通农妇，没上过学，不懂得什么叫"科学"，但她用自己一生的生活实践，创造了一个生命的奇迹，以亲身体验为科学养生提供了一个典型的范例。孔英的一生，本身就是一个珍贵的科研成果。

# 致敬

## 革命英雄

在那年代
在国难当头的时刻
是他们
用鲜血和生命
谱写了一曲曲
革命之歌
铸造了一座座
不朽的精神丰碑

"金燕的品格，攀岩的勇气，厘竹的精神，山羊的斗志，温泉的情怀，六祖的毅力。"前些年，有学者曾这样以怀集的风物为视角，通俗而形象地概括怀集的人文精神。的确，怀集人文精神，就像怀集特有的风物一样，不仅内涵丰富，而且特色鲜明，如果你翻阅了怀集的"英雄谱"之后，再回过头来品味这几句宣传语的含意，或许会有更深一层的感悟……如中共广西党组织创始人之一邓拔奇、亦文亦武的革命烈士钱兴、抗日英雄陈浩然、革命情侣植启芬和邓偶娟、孙中山面授的将军莫国华等等，他们都以光荣的一生，演绎了怀集人文精神的实质。

# 邓拔奇：
# 奔走八桂大岭掀风云

永富村是一个著名的红色老区村。每年清明节和"七一"节期间，这里人来人往，络绎不绝。人们要到这里瞻仰一位老人。如果这位老人还活在世上的话，已经上百岁了。他就是中共广西党组织早期领导人邓拔奇。

屋子还在，坐西向东，传统式平房，泥砖瓦房结构，已有200多年历史了。南向侧门的门楣上，挂着写有"邓拔奇故居"的牌匾。故居内设有两个展室，正展室在二进厅，中央安放着邓拔奇半身塑像，塑像的左右两旁分别放着两个展柜，展出了邓拔奇生前从事革命活动用过的文物及发表的论著，南北墙上展出了曾与邓拔奇一起进行革命活动的老领导题词和邓拔奇开展革命活动的简介；副展室在头进厅，展出了当年永富村妇女协会妇女识字班的照片和农民协会用过的征粮大秤等革命文物。卧室里还保存着邓拔奇睡过的大床。1903年6月4日邓拔奇就出生在这里，父亲是晚清的秀才，家庭较富有。

# 奔走于两广边区，开展革命活动

　　邓拔奇从小受到良好的教育。五四运动前后，邓拔奇正在怀集中学读书，积极参加反日拒约的宣传活动。1921年，到上海浦东中学补习，开始接触马列主义。1924年1月中国共产党和国民党实现了第一次国共合作，广州成为全国革命中心，7月，邓拔奇中止学业前往广州，组织"怀集留穗同学会"，编印《怀集青年》，加入全国学生联合会宣传队，后加入中国共产主义青年团，不久转为中国共产党党员。

邓拔奇后代在介绍故居情况

　　1925年春节后，共青团广州地委派邓拔奇到广宁县协助团的工作，邓拔奇到县内各地视察团务工作，在广宁南街召开了共青团广宁县第一次代表大会，选举产生了共青团广宁县的领导机构。8月至10月，邓拔奇受共青团广东区委委派赴广宁任团委书记，领导当地的青年运动工作。他先后在19个乡建起共青团支部、团小组，还在5个区成立了团区委会。后来，他随农运领导人周其鉴在广宁开展农民运动。然后，邓拔奇回怀集推广广宁县农民运动的经验，当年冬，在家乡指导成立了"屈洞乡高富村农民协会"，会址设在邓拔奇故居旁的高富村邓氏厅屋。他以农民协会的名义召集当地乡绅、财主开会，宣传形势，要求他们拥护国民革命，遵守农会章程，主动减租减息。同时组织农民与不法地主作说理斗争，为农民争得利益。

邓拔奇铜像

人们参观"邓拔奇生平"画展

还通过农会组织农民修水利、筑路桥，有些水利至今仍发挥着作用。邓拔奇还就怀集县农村各阶层的政治经济现状写成书面调查报告向广东省农协会汇报，请求农民部派人员来怀集指导农民运动。

## 在梧州，秘密创建中共广西地委

1926年6月，邓拔奇回广州参加著名的沙面大示威和省港大罢工，根据组织需要，放弃了考取到苏联中山大学的学习机会，留在共青团广东区委工作，经常为《疾呼》撰写文章。1927年5月，与廖梦樵到广西梧州恢复党组织，建立中共广西地委，廖梦樵任书记，邓拔奇任委员兼团广西地委书记，协助廖梦樵主持广西省党的工作。由于叛徒的破坏活动，地委书记廖梦樵等10多名干部被捕并惨遭杀害。不久，南宁、桂平等地党组织相继被破坏。10月，邓拔奇担任中共广西地委书记（1928年1月地委改为特委，任特委书记），其间，恢复了桂平县委和5个区委，发展党员数百名，秘密组织农民武装，组织农军暴动。

1928年6月1日，由邓拔奇主持的广西特委扩大会议在贵县党员张国才家召开，广东区委委员恽代英到会指导工作。邓拔奇作了广西党组织工作报告，会议总结了广西建党以来的工作，制定了今后斗争的方针和任务。会后，他前往上海向党中央汇报会议情况。1928年9月，广西特委改为临时省委，机关设在梧州，邓拔奇担任广西省委委员，与朱锡昂共同主持临委工作。1929年初，党派邓拔奇赴莫斯科中山大学学习，后回到广东省委机关工作，负责指导广西的革命斗争。1930年3月，中共广东省委指派邓拔奇再次担任中共广西特委书记。

## 在红七军，与邓小平共事的日子

解放军文艺出版社出版的《邓小平的历程——一个伟人和他的一个世纪》（刘金田主编，2001年出版）一书中，详细叙述了邓拔奇与邓小平一起共事的一段不寻常的历程。

1929年12月11日，广西百色起义取得胜利，成立了中国工农红军第七军，邓小平（邓斌）任政委，张云逸任军长。1930年7月至9月，平马整训后，红七军计划向湘、粤边进军。正是这个时候，邓拔奇（邓岗）受组织委派，以中共中央南方局特派员的身份，到广西右江革命根据地向红七军传达中央指示。其间，邓拔奇与邓小平一起工作了半年。

在这半年时间里，邓拔奇与红七军领导人邓小平、张云逸和右江特委书记雷经天等，就红七军当前的形势和任务等问题进行了深入研究和探讨。因为根据6月11日召开的中共中央政治局会议决定，当前红七军的任务是离开右江向东发展，打下柳州、桂林，在小北江地区建立革命根据地。但鉴于当时红七军的实际情况，还未有实力攻打城市，因此，另一种意见认为，红七军应坚守右江根据地继续开展游击战争，不断发展壮大力量。在红七军半年转战的日子里，这两种意见一直没有得到统一。1931年1月初，红七军到达全州后，召开了前敌会议，围绕"是否攻打桂林"问题，展开了激烈的讨论，但仍没有结果。邓拔奇鉴于红七军目前的情况，立即赶往上海，如实向中共中央汇报红七军的工作，请示中央尽快作出决策。

后来的革命实践告诉我们，当年邓拔奇与邓小平等红七军指战员探讨的问题，其实不仅仅是红七军的问题，而是当时整个中国革命形势面临的、亟需解决的重大理论问题。


## 大南山战斗，英勇就义

1931年2月2日，邓拔奇任中共广东省委秘书长，3月底，任两广省委委员。5月，省委派他前往广西巡视工作，他冒着风险往来于梧州、贵县、南宁、百色、柳州一带指导工作，与党员干部秘密开会、谈话，开党员训练班，主持出版《广西红旗》周报等。不久，国民党反动派组织强大兵力，围剿中共东江特委领导下的潮阳、普宁、惠来三县边界的大南山苏区。为了打破敌人的"围剿"，党派邓拔奇到东江特委工作，参加武装斗争。1932年3月，国民党粤军师长张瑞贵出动了全师3个团的兵力，后来又增加一个独立团兵力，亲自出马指挥"围剿"大南山苏区。敌人异常凶狠毒辣，用尽各种手段，对每一条山路、每一个山坑石洞，甚至一草一木都搜查遍了，使党的武装力量和人民群众遭到极大损失。在这种严峻的情况下，王明"左"倾机会主义仍指责中共东江特委犯"右倾机会主义"错误。1932年10月，东江特委连续收到广东省委的两次来信和中央的一次指示信。尽管处境极端困难和危险，东江特委还是想尽一切办法，召开一次东江特委常委扩大会议，贯彻上级指示，部署新的工作。10月9日，有关负责人前来参加会议。由于敌人进攻苏区，当晚，特委的开会地点即转移到一个小村庄田乾村开会，第二天早晨7时，会议刚开始，就被国民党反动军队四面包围。与会者奋力突围，终因寡不敌众，除少数人脱险外，东江特委负责人杨善南、邓拔奇、张先等壮烈牺牲。邓拔奇牺牲时年仅29岁。解放后邓拔奇被确认为革命烈士。

# 钱兴：
# 牺牲在黎明前的黑暗中

钱兴遗像

在怀集县诗洞镇安华凤南村，有一位值得尊敬的烈士，他在抗日战争和解放斗争中积极奔走在广东、广西、福建等地，为革命奋斗了一生，最后用生命去捍卫胜利，以鲜血迎来了黎明，他就是英雄钱兴。

斯人已逝，檐阁依旧。钱兴故居是座粤式旧民居，青砖墙，门楼上有壁画，显示出主人家当年的富庶。入得厅堂，钱兴铜像摆在正中央，四周是烈士的宣传资料，宛若一间小型的钱兴事迹展览室。

作为著名的革命者，钱兴已经牺牲了60多年，村里男女老少大多没有见过他，或者见过也记忆不深了，却都能从父母那里听说钱兴的故事。

# 一手好文章，成中大风云人物

就读于中山大学法学院政治系期间，钱兴与同学组织"学习马克思主义读书会"和"社会主义科学研究会"，学习探讨马克思主义革命理论。

钱兴刻苦研读《反杜林论》、《帝国主义论》等书，以"村夫"等笔名在报刊上发表多篇文论时评；并积极撰文介绍查理·卓别林鞭挞资本主义的电影《摩登时代》，号召民众看《大路》、《新女性》等进步电影，唱《大路歌》、《开路先锋》等进步歌曲。他的文章对青年学生起了很大的启发作用，据同龄人钟远潘回忆，当时连中山大学著名的进步学者邓初民教授读了这些文章都说好。

1933～1934年间，中共地下党员王均予自沪至穗，与钱兴、麦蒲费三人组建中国青年抗日同盟（简称"中青"），钱兴作为中山大学"中青"组长，活动积极，经常与校内的反动势力作斗争。

有一次，钱兴与同学单独举行抗日大会，当时的法学院院长威吓钱兴说："你们的大会是不合法的，要立即解散！"钱兴当即反驳道："同学们

钱兴故居

开会讨论抗日救国是完全合理合法的。难道你愿意中国被日本帝国主义灭亡？要同学们和全中国人民当亡国奴？"对方哑口无言，悻悻而去。后来他们还在校内举行示威游行，对救亡宣传产生极大影响。

## 随时准备牺牲一切

1935年12月，日军加紧侵略华北并策动华北五省自治，北平学生在党的领导下发动了"一二·九"运动。消息传到广州以后，学生十分激动，中大的学生宿舍纷纷出现了宣传抗日的壁报和鼓动抗日的标语。12日，中大学生在大礼堂举行紧急动员大会，组织了学生2000多人开展示威游行活动。此次示威游行，像一声春雷，把广州几年来国民党取缔示威游行及各种抗日救亡活动的沉闷局面冲破了，把广州广大群众的抗日激情以及广州学生的抗日救亡运动掀起来了。

13日，中大学生为了进一步推进广州的抗日救亡运动，分头派出同学到市内各大、中学校联系，再次举行大规模的示威游行活动。当游行路过荔湾桥（现市第二人民医院附近）时，遭到"广州市民救国锄奸团"的冲击、破坏。"锄奸团"用铁尺、皮鞭等凶器，当场打死学生一人，打伤学生逾百人。这就是震动一时的"荔湾惨案"。荔湾惨案发生后，反动当局四出拘捕游行组织者，钱兴就是拘捕的主要对象之一。在同学们的掩护下，钱兴避走香港一两天后又回来，友人劝他还是暂时离开为好时，他坚定地说："我不能离开广州，越是紧急关头，越要有人挺身而出支撑局面，坚持斗争。"钱兴继续留在广州，组织同学深入工厂、农村宣传抗日救亡和加紧营救被捕的同学。

## 视死如归，转战粤桂湘边区

1940年冬，钱兴被中共南委派到广西工作，担任中共广西省工委书记。在广西白区转战了7年之久，走山路、住茅棚、吃杂粮野菜、割柴草、烧石灰，甚至当挑夫作掩护，为革命事业呕心沥血，作出了卓越的贡献。现在，在广西昭平黄姚古镇旅游区还矗立着一尊钱兴烈士的铜像，铭记着他的满腔热血与功勋。

1948年秋，国民党集中2500人进攻粤桂湘边纵队，政委梁嘉率大部队撤退，副政委钱兴带领200人的队伍留守四雍根据地。经过多日激战，部队被冲散，最后只剩下他和警卫员吴凡两个人。当他们来到怀集县坳仔镇仕儒村时，被人告密，遭反动民团围困，两人突围走散。从此，世上再也没有人见过他。

钱兴是如何牺牲的，尸骨又在何方，成为一个永远的谜，那一年，他刚40岁。

# 郑作贤：
# 广州起义中英勇捐躯

将船泊在大浪村古码头，沿99级石砌台阶拾级而上。初夏的雨，时急时缓，夹着穿堂风拨弄着迷迷茫茫的厘竹林……穿过一片竹林，拨开密匝匝的竹丛，前面是一座精美的古屋。一位随行的当地文史工作者告诉我们，这就是当年追随张太雷、苏兆征、叶挺、叶剑英等老一辈革命家在广州起义中奋勇作战、英勇献身的革命烈士郑作贤的故居。

## 出生在一个进步的富商家庭

郑作贤，原名郑作礼，1898年出生在大浪村的一座古屋里。

古屋占地七八百平方米，既继承了传统民居的精华，又不乏洋建筑韵

郑作贤故居檐壁雕梁画栋

郑作贤故居

味。砖木结构，两院三进，角门与正屋之间以四五尺高的围墙连成一体，中置两米见方的月门相通，典雅别致。正门两侧设有挑台，是镂花条石铺成的，花篮式的柱础、镂边的椽柱，以及挑梁、门框、台阶、水渠等都是纯一色的大理石。斗拱虽为木质结构，但雕工、搭设均别具一格。屋内设计更与别处不同，前座与中堂以开放式回廊相通，左右各设方形小天井。至于中堂与后座之间，则以左右回廊相接而中开一大天井。从整体外观看，虽是传统的长方形布局，但屋内结构，却一改传统的对称模式，各部分之间错落配置，对称中有变化，变化中求对称。整座建筑通风透气、采光良好、干爽雅洁，设身处地全无逼仄感。这古屋的设计者是郑作贤的父亲，正是这样一个思想开放的商人，才有这样大胆的设计，才培养了这样一位革命者。

## 上海求学，接受革命真理

　　郑作贤在怀集中学念书时，正值北京爆发五四运动。他与邓拔奇、梁一柱、梁需润、陈嗣琰等进步青年，积极组织中华学生爱国总会怀集分会的学生上街游行宣传，响应北京五四运动。中国共产党成立伊始，郑作贤正在上海浦东中学读书，时任"两广留沪同学会"会长的杨文照等几位进步青年是他的知音挚友。阅读《新青年》、《向导》、《劳动界》等进步书刊，讨论中国革命问题，宣传革命真理，成了他们最热衷的"第二课堂"。后来，郑作贤又转到广州读书，并以优异成绩叩开了中山大学的大门。在中山大学深造期间，他也未曾闲着，与邓拔奇、梁蕴石、梁钟琛、郑淑鸾、陈嗣琰等怀集籍青年组织成立了"怀集留穗同学会"，并以"同学会"名义创办出版《怀集青年》刊物，把革命真理传播给家乡的广大热血青年。同时，他还是"中华全国学生联合会"宣传队的骨干分子。

## 参加广州起义，血洒中心洲

　　1925年5月30日，上海发生了五卅惨案。为声援上海工人学生的反帝斗争，郑作贤与邓拔奇、梁蕴石、梁钟琛、郑淑鸾、陈嗣琰等怀集进步青年积极参加由中共广东区委陈延年、周恩来等革命前辈领导的反帝示威大游行。1927年，蒋介石、汪精卫先后叛变革命，第一次国内革命战争遭到失败。为了挽救革命，12月11日，共产党人张太雷、苏兆征、叶挺、叶剑英等领导工人和革命士兵，发动了一次震惊中外的革命武装起义——广州起义。时在中山大学就读的郑作贤与郭士章、梁蕴石、陈嗣琰等义无反顾地加入了革命起义队伍。可惜，仅3万余人的义军，终因寡不敌众而失败，郑作贤等一批革命青年不幸被捕。

　　1928年夏，那是一个永远值得纪念的日子。广州车尾炮台中心洲，乌云密布，国民党反动派举起了罪恶的屠刀……腥风血雨中，郑作贤凛然就义了。那时，他刚刚度过了30岁生日。郑作贤倒下了，但他的革命精神，他的英雄气概，就像大浪村的厘竹，永远不会倒！

# 陈浩然：
# 终生战斗在广佛肇抗日第一线

陈浩然

苍墩村，是怀集北部连麦镇的一个小山村。1908年，抗日英雄陈浩然就在这里出生。陈浩然是一位一心向往革命的优秀青年，20岁那年，他由当时任广西特委书记的邓拔奇亲自介绍加入中国共产党，从此，一生在抗日第一线上奔走，把自己的一切都献给了党和人民。

## 以"大公报"记者的身份参加革命

20世纪30年代初，陈浩然被派往香港从事地下党组织工作，负责联系组织进步青年开展抗日宣传活动。他到香港后，凭"一手好文章"很快成为《大公报》记者，以记者身份长期奔走在香港、梧州、南宁、佛山等地，开展抗日救亡宣传活动，并秘密发动了一批进步青年加入中国共产党。后来，根据组织的安排，他从香港回到佛山，在"广东抗日救亡呼声社佛山分社"工作。在"救亡呼声社"，他同样以"一手好文章"赢得同事的信任，主要负责文书工作。在"救亡呼声社"工作期间，发展了何君侠、招曙等优秀共产党员。并在中共南顺工委领导下，重建佛山特别支部，他亲自担任特支书记。

# 成立"战时工作队"英勇抗日

1938年10月，根据中共南顺工委的指示，陈浩然、何君侠等以"救亡呼声社"的名义组织了一个战时工作队，不久被改编为中区抗战督导团战时工作队，共有200余人，何君侠任第一中队长，陈浩然任第二中队长。他带领第二中队长期在佛山、南海、三水、四会、广宁一带广泛开展抗战宣传。有一次，工作队正在三水与南海交界的白鹤田一带做宣传活动，突然遇上一支进村扫荡的日军。为了反击日军扫荡，陈浩然带领工作队，充分利用白鹤田的复杂地形，与日军进行周旋。第一次与日军交锋，便一举歼灭了敌人的一个前哨班。接着，他运用疑兵之计，巧妙地赶跑了企图进村扫荡的日军。

# 在"四挺"秘密创建党组织

1939年春，中共广东省委属下的北江和西江两地的党组织，陆续秘密派陈浩然等党员进入爱国人士伍观淇领导的第七战区第四游击挺进队（简称"四挺"），开展抗日民族统一战线工作。通过努力，陈浩然在伍观淇处取得一个大队的番号，并组建了"第二游击区番禺第二大队"，他担任大队政训员。其间，陈浩然以政训员的身份作掩护，在大队里秘密组建了地下党支部，发展了一批新党员。1942年国民党《防止异党活动办法》出笼后，"四挺"地下党的活动也由半公开转为隐蔽活动，陈浩然等党员也陆续撤离"四挺"，被委派到清远、四会、三水、佛山等地从事抗日活动。1945年，在一次日军飞机轰炸三水芦苞地区时陈浩然不幸牺牲，年仅37岁。

# 植启芬和邓偶娟：
# 一对忠贞不渝的革命情侣

　　1928年2月6日，著名共产党人周文雍与陈铁军一起，在广州红花岗刑场举行了悲壮的婚礼，从容就义。1948年7月5日，又一对革命情侣携手共赴刑场，让反动派的枪声，成为见证神圣爱情的礼炮，他们是怀集的植启芬和邓偶娟。

## 革命第一，爱情第二

　　植启芬十分聪明，12岁就能代父亲当代课老师，14岁考上怀集一中，邓偶娟正是他中学时的同学。1946年植启芬高中毕业，考入香港达德学院就读，并加入共产党。后受党组织委派，1947年回家乡参加粤桂湘边游击队。同时，把中学时的同学邓偶娟也介绍入革命队伍，任文化教员。在艰苦的战争环境中，两人渐渐产生了深厚的革命爱情。他们相约，革命第一，爱情第二，等解放后再考虑个人大事。

植启芬

邓偶娟遗像，在1945年夏天摄于怀城

## 英勇无畏，转战六龙坑

　　1948年6月1日，国民党粤西桂东"联剿"指挥部调集2000余兵力，扫荡怀南游击区。广宁区分队和植启芬率领的永固分队一

邓偶娟故居

植启芬烈士故居

起横渡永固河转移时，突然遭遇数倍敌人截击包围，植启芬率永固分队掩护，广宁区分队积极突围。考虑到邓偶娟正患病，植启芬令她同广宁区分队一起突围，而邓偶娟却坚决要求留下掩护。结果永固分队被围，弹尽粮绝，植启芬、邓偶娟等30余人被捕。6月13日，敌人把植启芬、邓偶娟押往县城，一路上，他们昂首挺胸，高唱革命歌曲，沿途乡亲纷纷流泪，植启芬安慰他们："不要伤心，共产党很快就会回来的。"

## 大义凛然，挽手赴刑场

在怀集县城监狱，国民党粤西桂东"联剿"指挥官罗福康亲自主审植启芬，通过种种办法威逼利诱，依然无法从他嘴里获得半句口供，反被骂得狗血淋头，无计可施之下，只好把植启芬打入水牢。为诱使邓偶娟投降，罗福康假惺惺地对她说："你这么年轻，死了多可惜，只要你回心转意，悔过自新，我可以马上放你出去。"邓偶娟回答道："我投身革命，就想到会有流血牺牲的一天，要杀便杀，不必罗嗦。"邓偶娟的父亲是国民党怀集县党部书记，为了营救女儿，罗父特地筹集一大笔钱，准备保释邓偶娟出狱，邓偶娟却坚决拒绝了，她对父亲说，"如果要我出狱，除非植启芬以及其他同志都被释放，否则我绝不苟活。"父亲以断绝父女关系相威胁，邓偶娟也不为所动，最终罗父公开登报，解除父女关系。

1948年7月15日，黎明前最黑暗的时刻，植启芬、邓偶娟这对革命情侣戴着手铐脚镣，被押往刑场。在现怀集一中门前的大校场，他们默默注视着对方，怀着对人生的无限眷恋、对爱人的无尽深情，英勇就义。牺牲时植启芬年仅23岁，邓偶娟24岁。

**植启芬、邓偶娟英勇就义**

# 梁一柱：
# 第一任中共怀集县委书记

梁一柱

怀城镇永安居委会红旗路东巷25～27号，旧称附城乡卓秀村26号，这是一座陈旧的砖瓦小屋，今天看来，不管是从结构上还是装饰上，已显得有些不合时宜了。然而，这是一座永远值得人们纪念的"红色"小屋。这是中共怀集县第一任县委书记梁一柱的故居。

## 积极投身五四运动

梁一柱，1901年出生于一个教师家庭。父亲是秀才，在家开私塾，收蒙童十余人，梁一柱从小在这里与其他同学一起受启蒙。随后考进怀集中学接受新式教育，在学期间，品学兼优，尤以文学见长，经常投稿上海的《学生杂志》和广州《民国日报》，发表有《小浪花的勇敢》、《鹰》、《卖炭老爹》、《归来的燕子和失去的伴侣》等文学作品。1919年五四运动后，学校成立了学生会，梁一柱和老师与同学积极组织宣传队，到怀城街头作外抗强敌、内除国贼、抵制洋货、振兴中华的爱国思想演讲和动员县城商店排斥日、英洋货。

## 一边当教师，一边当书记

1924年，国共两党实现第一次合作，广州成为全国革命的中心。梁一柱应好友邓拔奇邀约到广州参加革命活动。1926年3月，他进入广西农民运动讲习所学习。在学期间加入了中国共产党。1927年下半年，梁一柱受广西地委书记邓拔奇委派，从南宁回怀集重建党组织。梁一柱回怀集后，利用怀集中学国文老师兼童子军教练的身份作掩护，组织学生阅读进步书刊，灌输进步思想，并从师生中培养积极分子加入中国共产党。1928年春，根据中共广西特委的指示，梁一柱与新

中共怀集县委遗址——怀集一中

发展的邓卓奇、何定、曾烜昌等几名党员秘密活动，建立了"中共怀集县委员会"。梁一柱任县委书记，县委机关设在怀集县立中学内。怀集县委是广西省最早的中共县委组织之一。

中共怀集县委员会成立后，梁一柱立即开展多项工作：组织"学生读书会"、"学校校工工会"，向师生宣传进步思想与马列主义；举办"农民运动夜读讲习所"，先后培养了农运骨干40多人；派农运骨干回乡成立农会，开展农民运动。几个月时间，连麦的"麦乌堡农民协会"、岗坪的"曾村农民协会"、梁村的"永攸村农会小组"等第一批农会迅速建立起来；成立"广州革命同志社怀集第三支部"，组织青年开展反帝反封建斗争；组织开展工人运动；在县城组织了"西洲扎运工会"、"怀城店员工会"，开展反剥削、反压迫的斗争及抵制洋货活动；还在梧州市大同路开办"春蕾书社"，加强与中共广西特委的联络，并不断发展壮大党组织；先后发展了梁钟琛、陈浩然等一批优秀中共党员。

# 血洒梧州刑场

1929年2月的一个阴云密布的日子，中共怀集县委设在梧州的联络站春蕾书社遭受反动特务破坏，联络员何定不幸被捕，特务在搜查书社时，发现有梁一柱、曾烜昌等人的书信，随即派人赶赴怀集县城搜捕。1929年3月12日，梁一柱不幸被捕，押往梧州监狱。敌人施尽各种卑劣手段对梁一柱进行威逼利诱的审讯，梁一柱始终守口如瓶保守党的机密。两个月后，这位坚贞不屈的中共怀集县委第一任书记，悲壮地血洒梧州郊区，年仅28岁。

# 莫国华：孙中山任命的将军

莫国华，原名莫固，是20世纪30年代前后一名较有影响的民主革命将级军人。1886年莫国华出生于怀集县大岗镇莫屋村的一个封建大家庭。他自小聪敏好学，读书过目不忘，是远近闻名的"神童"，十几岁就考取了清王朝的生员（秀才）。

## 投笔从戎加入同盟会

20岁那年，莫国华投笔从戎，考进清政府在广州开办的"炮科学校"。不久转入"将弁学堂"（培养武官的学校）。其间，莫国华以炮科生的身份暗地里参加了孙中山的反清组织，并加入中国同盟会。

辛亥革命前夕，莫国华接受革命组织的委派回到怀集县衙工作，伺机配合民军起义反正。1911年11月20日梁培骥带领民军进驻县城，莫国华积极配合。县军政府机构成立后，莫国华被委任为军政长。1912年2月，孙中山就任临时大总统，不久，袁世凯窃取了革命果实，妄图恢复帝制，县城新旧两派斗争甚为激烈。莫国华被迫辞退了军政长之职，远走广州定居。保皇头子悬赏三千元捉拿莫国华。1919年孙中山把中华革命党改组为中国国民党。这期间，莫国华在广州一直追随革命党进行革命活动，并接受革命党人徐维扬（广州黄花岗起义的幸存者）委派，经常秘密到香港筹集小型枪支进行反军阀斗争。1922年5月，孙中山就任非常大总统，任徐维扬为中将参军，历任粤汉铁路护路司令兼粤汉铁路总巡，莫国华一直跟随徐维扬开展革命活动。

## 孙中山面授的"陆军少将"

1924年，孙中山以大总统名义授予莫国华陆军少将军衔，并委任粤桂边防司令等职。抗战期间莫国华曾任广东省西江八属地方团队游击别动队第一支队副司令、第七战区挺进第四纵队司令部参议兼军械室主任等职，并秘密保护革命老人徐维扬到怀集闸岗定居，以避战乱。1947年莫国华因患急症病卒。

## 邓章：
# 在中国远征军的岁月里

　　在世界反法西斯战争中，中国远征军是一支在世界享有声誉的"铁军"。这支"铁军"两次征战印缅，在印、缅、滇西抗日战线上英勇作战，战功显赫。当时，怀集虽远离印缅前线，但前方的战况时刻牵动着怀岭大批热血青年的心。两次远征，都有一批怀集青年踊跃报名参军，赶赴前线抗日。因此，在远征军的功勋册上也铭刻着怀集青年的血和汗。其中，邓章就是几十名怀集籍远征军青年中的3名幸存者之一。

## 热血沸腾，踊跃报名入伍

　　事情得从70年前说起。1941年，太平洋战争爆发，日军入侵东南亚和香港。为了共同抗击日寇，中英两国建立了军事同盟，签署了《中英共同防御滇缅路协定》。1942年至1943年中国先后两次派军远征。邓章参加的是第二次远征，时间是1943年底至抗战结束。1943年末，世界反法西斯战争和太平洋战争形势发生转折，中、美、英三国达成协议，再次联手从

邓章在远征军时的驾驶证

缅北一带反攻日军。盟军主力以中国军队为主（中国军人、美式装备、英式给养）。达成协议后，中国方面马上紧锣密鼓组织第二次远征军。但由于连年战争，中国的兵员已非常紧缺，必须迅速征集一批新兵补充远征军力量。消息传来，怀集中学（即今怀集一中）先后有三批学子报名参军，投笔从戎，年刚20岁的邓章就是其中的一名。

人文怀集

RENWENHUAIJI

## 踏着凛冽寒风，远征印缅抗日

1944年年初，经体检合格，邓章与蔡士钺、钱起、陈奕洊等十几名怀集青年从家乡温达明祠出发正式加入了出征印缅的中国远征军。

由于工作的需要，加入远征军后，邓章改名邓尚灿。部队经过艰难的路途辗转到达印度蓝伽抗日盟军总部报到。

采访邓老时，他既深沉而又不无激动地说："征战印缅的岁月是艰苦的，回想起来，有些事情确实不堪回首，但也有许多事情令你兴奋终生。远征军打出了国威，打出了中国人的尊严，那用不着多说了，就讲几件小事吧。"

"初到印度，最令人兴奋的就是听到外国人对中国军队的赞誉声。在蓝伽火车站下车时，车站上有美国人、英国人和印度人。他们一见到我们中国的远征军，就马上伸出拇指大喊：'China,very good! China,very good!'当初我们还听不懂是什么意思，后来翻译告诉我们，中国远征军在前方打了胜仗，所以那些外国人一见到中国人就称赞中国军队第一、好样的。""一个日本战俘曾坦言说：'同盟军打仗，日本军人有一个共同的体会——一个日本兵可对付7个美国兵、10个英国兵、15个印度兵，但同中国远征军打仗，要两个日本兵才能对付一个中国兵。中国兵勇敢、机智、灵活，是日军最难对付的敌手。'并说'如果中国不参与印缅战争，日军早就不费吹灰之力把战事推到东南亚各国去了'。"

## 任汽车教官，精心培养驾驶员

由于水土不服、长途跋涉，再加上每天只靠几片饼干充饥，在汀江到蓝伽的火车上，邓章病倒了。痢疾，40度的高烧，把这位血气方刚的小伙子折磨得奄奄一息。幸好一到蓝伽，部队就及时送他到盟军总部医院治疗，这里有美国一流的医生和医药设备。20多天后，邓章康复出院，被编入第七战车营（直属盟军总部）专修战车驾驶技术。学习结束后，由于成绩优异，加上其文化基础比较好，邓章被留在盟军总部汽车训练中心当教练，一直到抗战

181

结束。其间，他勤奋工作，热心授教，是一位曾受到总部多项表彰的出色教官。他精心培训的10批100多名驾驶员，在印缅战争中也表现出色，累立战功。

两次远征，中国军队打出了国威，赢得了世界的尊重。不仅打通了国际交通线，使得国际援华物资经史迪威公路源源运入，还把进犯东南亚的日军消灭或赶出经过中国西南的史迪威公路大门，全面拉开了正面战场对日反攻的序幕。然而，中国军队也为此付出了惨重的代价。1945年7月7日在滇西腾冲县创建了一个"国殇园"，其中墓碑上就刻着几千名殉国的远征军官兵的名字。然而，这仅仅只是其中的一小部分，因为国殇园所纪念的是十几万阵亡的远征军将士，包括第200师师长戴安澜，也包括一批血洒印缅滇大地的怀集籍青年。小小的墓碑刻不了那么多的名字，更何况，有许多壮士还来不及把姓名告诉后人就毅然殉国了，人们只能在主碑石上给他们标上一个共同的名字——民族英雄。

新中国成立后，邓章告别了军旅生涯回到怀集工作。工作之余他潜心研究祖传的医学，悬壶济世几十年，邓章成了当地小有名气的"土郎中"。

腾冲县创建的"国殇园"纪念碑

邓章（左一）与战友在温达明祠合影

# 半个世纪后，重聚温达明祠

岁月沧桑，白驹过隙。半个世纪后的1997年，在一个春暖花开的时节，当年与邓章一起参加远征军的另两位幸存者蔡士钺（定居天津）、钱起（定居台湾）相约回到了怀集。三位战友在怀城聚会，重温旧事，专程到当年第一次穿上军装的温达明祠合影留念。几十年人生"远征"之旅后，有幸再聚故地，显然，身后的足印已划了个完整的句号，当年向温达明祠神灵许下的"再见温达明祠"诺言，也终于划上了圆满的句号。

# 寻味
## 地道美食

欣赏那方物华
走进饮食文化
品尝风味美食
一切的一切
都是惬意的文化享受

在人们日常的起居饮食中，蕴含着很多文化成分，因而"饮食文化"成了一个很常用的大众词汇。饮食既然有"文化"，我想，这文化最精髓的部分应该就蕴藏在"美食"当中。

行走在怀集城乡，你可以发现很多传统美食，较出名的有"农家五素食"：六祖锅边菜、桥头粟米粥、甘洒六十日、岗坪切粉、诗洞腐竹；"佳爻五君子"：石山羊、粟米鸡、八洞鸭、石头猪、南溪官鱼；"养生五山珍"：灵芝、木耳、冬菇、笋干、菜干；"时菜五鲜味"：佛灯白菜、甘洒六十日、岗坪苦瓜、梁村地菇、冷坑韭菜；"小吃五玲珑"：云吞、发糕、白糍、艾糍、狗盼糍；还有"山茶五美女"：新岗美人、岳山云雾、下帅单枞、上凳冷瓷、小竹细叶……数不胜数。食其味，品其神，能从中了解到不少有趣的民俗风情。

# 边饮边说健康美食

吃出健康，这是当今社会最时尚的"饮食文化"。"良药苦口利于病"，只有医生才会这样说，"美食可口治于病"，这才是人们共同向往的时尚保健方式。在怀集就有很多这样的美食，"茶叶燕窝六十日，萝卜豆腐一点红"，这些民谣所说的都是常用药膳菜肴。

## 金丝燕窝：一盏燕根暖三冬

"一盏燕根暖三冬"，这是怀集民谚，大意是说，燕窝养阴润肺，冬天食用，最有利于调养身体。"燕根"，是当地人对燕窝的俗称。怀集燕岩是金丝燕的聚居地，这里盛产燕窝，据说是我国内陆唯一的燕窝产地。

燕窝是燕子做的巢，但这种燕子并不是我们常见的在屋檐下筑巢的燕子。怀集金丝燕在春季开始筑窝，它的口腔里能分泌出一种胶质唾液，吐出

燕窝产品

后经风吹干，就变成半透明而略带浅黄色的物质，这是燕窝的主要成分。金丝燕用这种唾液和着纤细的海藻、身上的绒羽和柔软的植物纤维等做成巢穴，这就是我们所说的燕窝。燕窝是珍贵的佳肴，又是名贵的药材，有补肺养阴之功效，主治虚劳咳嗽、咳血等症。

燕窝被采摘之后，还要经过蒸煮、浸泡、除杂、挑毛、烘干等复杂的加工才能制成成品燕窝，包括燕盏、燕条、燕饼、燕丝。其中燕盏是整只个大质优的燕窝经除杂保留原有形状而成，价格特别昂贵。燕窝因采集时间不同可分为三种：一是白燕，古代曾列为贡品，故又称"官燕"；二是毛燕；三是血燕。燕窝的营养较高，含蛋白质50%、糖类30%和一些矿物质，是中国传统的名贵食品。

燕窝配食讲究"以清配清，以柔配柔"，怀集民谚"一盏燕根暖三冬"说的就是这个道理。

# 新岗美人：一杯山茶快活似神仙

未到怀集之前已听闻这里出产一种名字很美的茶叶，叫"新岗美人"。来到怀集之后才发现，如果说"新岗美人"是一种产品，不如说是怀集山茶的总代名词，因为怀集是著名的茶叶产地，盛产各种名茶。如新岗茶、多罗茶、岳山茶、小竹茶、罗勒茶、白崖茶、上磴茶、汶塘茶，均享有声誉。新中国成立后，怀集的种茶业更是发展迅速，先后引进过云南大叶茶、梅尖、水仙、黄金桂、白牡丹、冻顶等外地品种，种到怀集这片土地，都成了名牌

新岗茶园

六十日菜花

产品。全县种植面积最高达1000多亩，年产茶叶500多吨，成了怀集最大宗的出口商品之一。特别是"新岗美人"系列，参加广东农业产品博览会，连年被评为"广东省优质产品"。

茶山，是一道美丽的风景。春暖花开时节，行走在怀集的茶山上，欣赏"润畦舒茶甲，暖树拆茶枪"的境界，那是多么美妙的诗情画意!

饮茶，既是一种充满诗意的生活，更是一种时尚的保健方式。民谚说"早上一杯茶，胜过活神仙"，这是茶文化的另一番境界。

# 六十日酸菜：一碗菜汤驱炎夏

纵观世界农产品，以数字命名的只有这"六十日"。"六十日"是一种蔬菜的名字，当地人叫"黄菜"，是萝卜菜的一个品种。因为从播种到收获只需60天，人们习惯称它"六十日"。它与别的萝卜菜不同，根块很小，别的萝卜都食用根块，它却食用菜苗。

六十日酸菜，是"六十日"菜苗的腌制品，为怀集著名的土特产。"六十日"采收后经晒、泡、榨，然后放进菜缸进行腌制。成品菜金黄干爽、酸甜脆口，味道佳、口感好，煮、炒、煲均可，夏天煲汤可消暑解渴，开胃消滞，因而，民间有"一碗菜汤驱炎夏"之说。六十日酸菜不仅是桌上佳肴，也是一味食膳良药。

# 边食边祈美好愿想

　　越是美好的东西，越想品尝，越想品尝的东西，往往就越感觉其美好。美食之所以成为美食，很多时候不仅仅是因为它的味道美，更因为它还有味道以外的另一种美，那就是富于美好的寓意。比如，怀集的柑橘、蜜柚、切粉、腐竹、竹笋等，就是这一类的民俗美食。在民间之所以家喻户晓，老少咸宜，是因为它们有一种美好的象征，表达一种美好的向往，蕴含着人们美好的愿想。正所谓"醉翁之意不在酒"，而在酒以外的另一些意象。

## 柑橘：提篮柑橘过大年

　　隆冬季节，南方果品相对较少，柑橘正好应节上市，因而成了人们喜见乐尝的"春节果王"。节前办年货，家家户户都要购买一些柑橘回家，一来作为新春探亲访友的手信，二来带回家作为吉祥物取个好兆头：柑桔柑桔，新年大吉（当地人习惯写"橘"为"桔"）。"提篮柑橘过大年"，成了与春节伴生的民俗现象。

柑果基地

六祖橘

提篮柑橘过大年（剪纸）

柑橘确实有很多益处。因为柑橘在水果中属于产量高，营养全面，又容易保存的一类。柑橘含有的大量柠檬酸，对维生素C具有保护作用，因此在加工成果汁之后，最易被破坏的维生素C能够大部分保存下来。含钙量也比苹果高出10倍。中医认为橘皮能够理气、化痰、止咳、健脾胃；橘络能够通经络、消痰积、治神经痛。怀集有着悠久的柑橘栽培历史，是当地大宗外销农产品之一。怀集柑橘以其皮薄肉脆、无核化渣、清甜可口、香气舒郁的特点闻名远近，特别是出产于六祖岩山脚下的"六祖橘"，是四会沙糖橘的"姐妹果"，深受各地客商青睐。

# 蜜柚：一颗蜜柚祈丰登

　　我站起来要走，她拉住我，一面极其敏捷地拿过穿着麻线的大针，把那小桔碗四周相对地穿起来，像一个小筐似的，用一根小竹棍挑着，又从窗台上拿了一段短短的洋蜡头，放在里面点起来，递给我说："天黑了，路滑，这盏小桔灯照你上山吧！"

　　这是著名作家冰心的散文名篇《小桔灯》的一个片段。大概冰心自己也没想到，她点燃的那盏"小桔灯"幽幽的烛光已经在中国文坛上闪耀了半个世纪，影响了几代中国青年。

　　在怀集民间也有一种"小桔灯"，那是用柚子皮制作的，俗叫"柚子

蜜柚

灯"。这"柚子灯"很有寓意，它与"佑子登科"谐音，因而，每逢中秋佳节，家家户户都买柚子，都要为小孩制作"柚子灯"，以祝愿孩子学业有成、早日登科取仕。

怀集有很长的柚子种植历史，"柚子灯"也成了一种古老的民间吉祥物。爱屋及乌，柚子是中秋和春节家家户户必备的应节佳果，特别是汶朗出产的蜜柚，以其色泽鲜黄、皮薄，果肉甜脆、无渣，蜜味浓等特色，成了"柚中之王"，年年供不应求。

# 切粉：一筐切粉留足体面

"粉丝"，是当今的一个流行词汇，一般认为是英语"Fans"的音译，表达热情、狂热、热爱等意义。在怀集品味"岗坪切粉"，游客们会不自觉地成为切粉的"粉丝"。

岗坪切粉，是怀集的名优特产。以当地出产的优质稻米为原料，以传统的工艺精心制作，以其优质爽口、软滑薄韧的独特风味扬名古今。

岗坪切粉，之所以广为人们喜爱，并千古流传下来，除了是一种老少咸宜的美食外，还与当地的民俗风情密切相关。逢年喜庆探亲访友，怀集人喜欢以切粉作为必备的礼品之一。据说，那是表示"体面"、"给面子"、"欢迎"等意思。也就是说，去探访客人，带上切粉，表示对主人的尊敬和祝贺；客人回访，主人送上切粉，表示欢迎和感谢等意义。因此，互赠切粉即表达互相"给足面子"、"留足体面"，友好之情谊尽在其中。

切粉

# 腐竹：富足富足美满幸福

在怀集民间的节庆喜宴上，有一道必上的例牌菜式——白焯腐竹。

腐竹，是怀集地区著名传统豆制食品，因与"富足"谐音，赋予美好的寓意和祝愿，所以成为人们百食不厌的名菜。特别是在诗洞镇一带的"诗洞山水腐竹"和坳仔一带的"美女腐竹"有着历史悠久的制作加工技艺，更是远近闻名。

"诗洞山水腐竹"用料很环保，以当地绿色食品基地出产的大豆为原料，经浸泡、磨碎、过滤、制浆、煮沸后加工而成，不加任何添加剂。产品色泽黄白，油光透亮，含有丰富的蛋白质及多种营养成分。腐竹煮制方式也很简单，清水白焯，不需加任何佐料，食之清香爽口，别有风味。特别是在物质生活越来越丰富的今天，人类的食品越来越精，如能将一些传统的美食保持传统的食法，或许对营养越来越过剩的新新人类，会更有益于健康，更何况腐竹是一种高蛋白，没胆固醇，能降血脂，预防动脉硬化、冠心病和高血压等疾病的长寿食品呢。

山水腐竹，纯净的山水白焯，带给你的不仅是一种美丽的名字，一种纯朴的美食，更是生活富足时代崇尚的健康"饮食文化"。

怀集，是北回归线北侧的一颗绿色明珠。这里千山竞秀，万岭泛绿，四季如春。这里钟灵毓秀，民风淳朴，人文蔚盛，在这3573平方公里辽阔美丽的土地上，上百万汉、壮、瑶三族人民和睦相处、勤劳勇敢，创造了辉煌的怀集文化。

怀集，山清水秀，拥有众多奇山异洞、飞瀑流涧、清溪温泉、历史古迹，一年四季都适合旅游，已形成冬泡温泉、夏玩漂流、春季赏花、秋季观景的旅游模式，是"二广"线上最美丽的休闲养生谷。自然景观类，以燕岩省级风景名胜区为代表，主要景点有燕岩、世外桃源、燕山、寨岩、雪风洞、莲湖、红霞湾等。生态环境类，主要有坳仔的厘竹生态风景区，洽水的新岗大稠顶省级自然保护区和蓝钟三岳省级自然保护区，怀城的一江两岸、塔山森林公园以及中洲水下瀑布群等。温泉类，有蓝钟岳山温泉、中洲白竹温泉、凤岗热水坑温泉和洽水谿村温泉。人文景观类，以塔院合一的文昌书院、冷坑六祖岩、六祖文化园、坳仔九九奇门六德堂、大岗的连会扶溪村、梁村的何屋村、凤岗的孔洞历史文化村为典型。此外还有桥头贵儿戏、下帅春牛舞、壮狮舞、采茶调和凤岗的鱼龙舞等体现独特民俗风情的文化活动。

怀集，自然资源丰富，发展空间充裕，有宜工宜农宜商的创业环境，有宜居宜游的生态环境，科学发展的后发优势十分明显。特别是随着《珠江三角洲地区改革发展规划纲要》的实施，怀集已成为"广佛肇"经济圈中最具发展潜力的黄金宝地。

怀集，区位独特，交通便利，在历史上是海陆丝绸之路的重要对接点之一，今天是"二广"、"广贺"、"昆汕"等高速公路和"贵广"快速铁路交汇的交通中心。随着"三高一铁"现代交通网络的进一步完善，怀集，必将乘风破浪、跨越腾飞，必将成为珠三角地区的一颗璀璨明珠！

休验

这并美丽